**공부머리보다
금융머리를
먼저 키워라**

Original Japanese title: 3 SAI KARA HAJIMERU OBEISHIKI OKANE NO EISAIKYOIKU
ⓒ Yukiko Kawaguchi 2020
Original Japanese edition published by BUNYUSHA PUBLISHING Co., Ltd.
Korean translation rights arranged with BUNYUSHA PUBLISHING Co., Ltd.
through The English Agency (Japan) Ltd. and Danny Hong Agency
Korean translation rights ⓒ 2022 by Wisdom House, Inc.

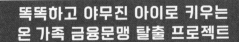

똑똑하고 야무진 아이로 키우는
온 가족 금융문맹 탈출 프로젝트

공부머리보다
금융머리를
먼저 키워라

가와구치 유키코 지음

김지윤 옮김 | 옥효진 · 이지영 감수

위즈덤하우스

《 추천하는 글 》

돈에 끌려다니지 않고
경제적으로 행복한 삶의 비밀

옥효진(『세금 내는 아이들』, 『법 만드는 아이들』 저자)

대한민국 대부분의 성인들은 어린 시절 경제, 금융에 대해 제대로 배우지 못한 채 어른이 되었습니다. 사회에 나와서야 비로소 돈에 대해 배워가기 시작하고, 금전적인 실패를 겪으며 돈에 대한 지식과 가치관을 만들어가기 시작합니다. 예전부터 한국 사회는 참으로 돈에 대해 이야기하지 않는 사회였습니다. 돈에 대해 이야기하는 것을 꺼리고 돈을 부정적으로만 바라보았지요.

하지만 예전과 달리 최근 우리 사회의 돈에 대한 관심이 매우 뜨거워진 것을 알 수 있습니다. 결국 성인들의 돈·경제·금융에 대한 관심은 곧 우리 아이들의 경제·금융 교육·돈 공부에 대한 관심으로 이어지게 되었지요. 이제는 서점의 어린이 도서 코너에서 어린이 경제·금융 관련 서적이나 경제 교육서를 쉽게 찾아볼 수 있습니다. 이렇게 어린이책이나 자녀교육서에 돈과 관련된 이야기가 많이 나오는 이유는 무엇일까요? 예전에 비해 아이들의 돈에 대한 관심이 높아지기도 했지만, 아이들에게 돈에 대해 가르치고 싶은 부모님들의 마음이 반영된 것이라고도 볼 수 있습니다.

최근 우리 아이들에게 돈에 대해 가르칠 때 많이 언급되는 주제는 '투자'입니다. 투자도 분명 돈에 대해 공부할 때 필요한 것 중 하나입니다. 하지만 주식과 같이 투자를 통해 '돈을 불리는 것'만을 목표로 아이들에게 경제 교육을 하고 있는 것은 아닌가 걱정도 됩니다. 올바른 돈 교육은 아이들이 무조건 돈을 좇게 만드는 교육이어서는 안 되기 때문입니다. 돈이라는 것은 우리가 삶을 살아가며 필요한 여러 가지 요소들 중 하나일 뿐, 인생의 전부는 아니지요. 돈에 대해 가르칠 때 그 가르침이 방향성을 잃으면, 자칫 아이들의 삶의 유일한 가치가 돈이 되어버릴 수 있습니다. 이는 분명 우리 아이들에게 해야 할 바람직한 돈 공부는 아니라는 사실을 기억해주세요.

그런 점에서 이 책 『공부머리보다 금융머리를 먼저 키워라』는 돈 자체에 목적을 두지 않고 '돈을 통해 우리 아이들에게 가르칠 수 있는 것'들을 함께 이야기하고 있습니다. 아이들은 스펀지와 같아서 학교나 가정에서 가르친 것을 그대로 흡수합니다. 그러므로 더욱이 아이들에게 돈을 가르칠 때는 바람직한 방향성과 방법을 이용해 가르쳐야 합니다. 부모가 돈에 대해 배운 적이 없다는 이유로 경제 교육을 미루지 말고, 많은 가정에서 이 책에서 이야기하는 내용들을 하나씩 따라가며 우리 아이와 함께 돈 공부를 할 수 있게 되면 좋겠습니다.

이 책은 해외의 경제 교육 사례를 보여주며 우리 가정에 적용할 수 있는 방법을 자세히 알려주고, 더 나아가 연령대별 구체적인 교육 계획까지 안내하고 있습니다. 물론 책에서 소개하는 연령대별 교육 방법을 무조건 따라야 하는 것은 아닙니다. 우리 아이의 수준과 이해도에 맞게 차근차근 밟아나가면 됩니다. 부모와 아이가 함께 돈에 대한 이야기를 나누며, 아이는 작은 실패와 작은 성공의 경험들을 쌓을 수 있을 것입니다. 그리고 이 경험들은 아이가 성인이 되었을 때의 삶을 살아가는 데 있어서 소중한 밑거름이 될 것이라 생각합니다.

아이가 돈에 밝다는 것은 이제 더 이상 '돈만 좇는 놀부나 자린고비 영감'을 뜻하는 단어가 아닙니다. 돈의 흐름을 읽고 돈에 끌려다니지 않으며, 돈을 도구로써 활용할 줄 아는 어른으로 성장할 수 있다는 뜻입니다. 메타버스, AI, 4차 혁명의 시대가 이미 도래한 지금, 아이의 미래에 어떤 직업과 어떤 생활이 펼쳐질지 우리 어른들은 전부 다 헤아릴 수 없습니다. 그리고 지금 학교에서 1등을 하는 아이가 반드시 성인이 되어 부자가 된다고도 장담할 수 없지요. 자신이 노력하여 번 돈을 어떻게 가치 있게 쓸 것이며 어떻게 위기를 극복할 수 있을지 미리 준비한 아이의 미래는 확실히 다릅니다. 그런 아이들은 비로소 돈에 끌려다니지 않고 경제적으로 행복한 삶을 누릴 수 있다고 자신합니다.

지금 우리 아이에게 가장 필요한 교양,
바로 '돈 교육'이다

이지영 (『엄마의 돈 공부』 저자, '직장인을 위한 뉴리치연구소' 대표)

최근 한국 사회에서는 어린 아이부터 성인까지 모두 돈에 대한 뜨거운 관심이 이어지고 있습니다. 지난 몇 년간 코로나바이러스 감염증, 인플레이션, 러시아의 우크라이나 침공 등 각종 이슈로 세계 경제는 심각한 위기에 직면하게 되었습니다. 또한 코로나바이러스 감염증으로 인하여 시중에는 유동성이 풍부하고 낮은 금리가 유지되는 가운데, 사람들은 경제 위기에 대한 불안감을 느끼고 결국 재테크와 주식에 전보다 더욱더 관심을 갖게 되었지요. 2030세대 청년층을 중심으로 '빚투' '영끌' 열풍이 이어지는 가운데 코로나바이러스 사태 이후 개인 투자가들이 증시에 쏟아부은 자금이 220조 원을 넘는다는 사실도 알려졌습니다.

글로벌 인플레이션 장기화, 코로나바이러스 팬데믹 이슈 등으로 인하여 불확실성은 그 어느 때보다 확산되고 있습니다. 온라인 서점 YES24 자료에 의하면, 2021년 불확실한 경제 상황 속에서 서점가 역시 '경제 경영 분야' 도서 판매는 전년 대비 29% 증가, '투자/재테크 분야' 도서 판매는 전년 대비 49.3% 증가한 것으로 나타났습니다. 주식, 재테크, 부동산 등 돈을 불리는 방법과 돈의 흐름을 읽는 책이 줄줄이 베스트셀러에 올랐지요. 한마디로 돈 공부에 대한 중요성은 그 어느 때보다 부각되고 있으며 '돈 공부가 가장 중요한 교양'이 되는 시대가 되었습니다.

미국의 저명한 경제학자이자 1987년부터 2008년까지 4회 연속 미국연방준비제도이사회(FRB) 의장을 지냈던 앨런 그린스펀은 '문맹은 생활을 불편하게 하지만 금융문맹은 생존을 불가능하게 만들기 때문에 문맹보다 더 무섭다'고 금융 교육의 중요성을 강조하였습니다. 저는 엄마들을 위한 경제 도서인 『엄마의 돈 공부』 출간 이후 강연과 '이지영의 뉴리치 부자학' 유튜브 채널을 통해 수많은 독자들을 만나고 있는데요. 제가 접한 수많은 사연들 중에는 "그동안 돈에 대해서 너무 모르고 살았네요" "어릴 때부터 경제관념을 키웠다면 지금쯤 저희 가족의 인생이 완전히 달라졌을 텐데요"라며 후회하는 분들이 많았습니다. 그 가운데 몇 가지 사례를 소개하고자 합니다.

두 아들을 둔 한 어머니는 남편이 대기업에 다니고 있었기에 가계부조차 쓰지 않았고 돈에 대해서 모르며 살아왔습니다. 남들의 눈을 의식해서 고가의 아파트에 전세로 살았고 씀씀이도 컸지요. 겉으로 보면 화려한 삶이었기에 남들은 부러워했지만, 남편의 퇴직금은 이미 오래전에 중간 정산을 받아서 첫째 아들 결혼 자금과 신혼집 구입을 위해서 다 썼고 남은 돈이 거의 없는 상황이었습니다. 코로나바이러스로 인하여 둘째 아들의 취업은 계속 어려워졌고, 설상가상으로 60세로 예상했던 남편의 퇴직까지 경기 침체로 5년이 당겨졌지요. 부부의 노후 자금 마련은 꿈도 꾸지 못하는 상황으로, 이제 어떻게 살아야 할지 막막하다며 저에게 고민을 토로했습니다.

또 다른 어머니는 남편과 젊은 시절부터 공장을 운영했는데 사업이 번창해 자수성가하신 분이었습니다. 젊은 시절부터 하루 종일 허리도 못 펴고 공장에서 힘들게 고생하며 돈을 벌었기에 자식들만은 자신처럼 고생시키고 싶지 않았다고 말씀하셨지요. 자녀들은 세상 물정 모르게 곱게 키우셨고, 사교육비에 상당한 돈을 쓰며 상위권 대학을 나와서 좋은 직장에 취업하면 모든 것이 성공일 것이라고 기대했습니다. 그런데 부모에게 경제 교육을 받지 못한 채 자란 자녀들은 어떻게 되었을까요? 직장에 들어갔지만 3개월도 되지 않아서 그만두었고, 수입 의류 매장을 하겠다며 부모님께 사업 자금을 빌려달라고 요구했습니다. 곱게 키운 딸은 결혼 3년 만에 이혼했고요. 결국 손녀의 영어 유치원 원비까지 조부모가 내고 있는 상황이었습니다.

'공부 잘해야 성공한다' '공부만 잘하면 좋겠다'고 아이의 학교 성적이 풍요로운 미래를 보장해줄 것이라고 믿었던 부모들은 이제 뒤늦게 현실을 깨닫고 있습니다. 어릴 때 경제관념을 키워주지 않으면,

아이는 경제적 자립을 하지 못하고 소위 '캥거루족'이라 불리는 성인으로 자라나게 되지요. 성인이 된 이후에도 부모에게 의존하는 상태가 될 수 있습니다. 40대까지도 부모와 함께 살거나, 부모에게 생활보조비를 받아 오피스텔로 나가서 살거나 자녀를 양육하는 경우도 비일비재합니다. 돈에 대한 정보와 지식이 필수인 시대를 맞이하며, 이제 젊은 부모들은 "학교 공부도 중요하지만, 경제관념이 뚜렷한 아이로 자랐으면 좋겠어요!"라고 말하며 가정에서의 돈 공부의 중요성을 깨닫고 강조하고 있습니다.

그럼에도 불구하고 아직까지도 한국 사회에서는 돈 이야기를 터부시하고 있습니다. '돈으로 행복을 살 수 없다' '돈 없어도 행복할 수 있다'라고 강조하는 등 자본주의를 외면하며 이중적인 모습을 보이는 경우도 빈번합니다. 자녀가 자본주의에서 살아남기 위해서는 돈을 효과적으로 관리하고 투자하는 방법을 부모가 가르쳐야 합니다.

그러나 한국에서는 아이들이 대학에 입학하기 전까지는 가정 형편이 힘들어도 재정 상황을 쉬쉬하고, 아이들 앞에서 돈에 대한 이야기를 꺼내지 않습니다. 대학 입학 후에도 부모들의 자금 상황에 대해서는 전혀 모르는 자녀들이 대부분입니다. 평균 수명이 120세까지 늘어난 상황에서 부모의 노후 준비를 위한 은퇴 자금이 어느 정도 필요한지 설명해주고 자녀가 성인이 되면 경제적 자립이 필요함을 사전에 가르쳐야 합니다. 어릴 때부터 돈 이야기를 나누지 않으면 아이들은 어떻게 될까요? 아무 생각 없이 부모의 신용 카드를 과도하게 사용하거나 비싼 승용차를 할부로 구매하는 것이 당연하다고 여기게 되고, 성인이 되어도 용돈을 받으며 생활하게 됩니다.

과연 이렇게 돈에 대해 쉬쉬하기만 하는 것이 아이의 미래에 도움이 될까요? 이것은 부모를 위한 현명한 판단도 아니며, 아이들의 미래를 위해서도 결코 도움이 되지 않는 일입니다. 돈 교육은 아이에게 여러모로 도움이 되는데, 첫 번째로 아이의 사고력을 높여줍니다. 아이들은 구매 과정에서 "같은 비용으로 최대한의 효과를 낼 수 있는 방법은 무엇일까?" 고민하며 끊임없이 주체적인 사고를 하게 되지요. 두 번째로 아이에게 용돈을 무조건적으로 주는 것이 아니라, 아이 스스로 집안일이나 소소한 아르바이트를 통해서 용돈을 벌도록 유도한다면 자녀의 독립성까지 높이게 됩니다. 뿐만 아니라, 자녀들에게 용돈을 주는 과정에서 협상을 하게 되면, 아이들의 커뮤니케이션 능력, 협상 능력을 함께 키울 수 있지요.

결국 자신의 돈을 효과적으로 관리하고 불려나갈 수 있도록 돈 교육을 시키는 것은 아이들의 성장 과정에서 긍정적인 효과를 나타냅니다. 현재 대한민국 부모들의 돈 교육에 대한 이중적인 분위기를 감안할 때, 이 책 『공부머리보다 금융머리를 먼저 키워라』가 그 어느 때보다 필요하다고 자부합니다. 부모들의 인식이 바뀌면 자녀들의 미래도 바뀌게 될 것입니다.

미국 최고의 부자 록펠러 2세는 매주 토요일마다 자녀의 용돈 기입장을 보며 함께 이야기를 나눴다고 합니다. 자녀 경제 교육이란 단순히 돈을 아껴야 한다고 강조하는 것이 아니라, 합리적인 소비를 위한 판단력을 키워주고, 돈의 가치를 깨닫게 해주고, 궁극적으로 자신의 삶을 주도적으로 살아가도록 이끌어주는 삶의 가장 중요한 교육과정입니다. 지금 이 시대에서 그 무엇보다 중요한 것은 자녀의 '경제 금융 지능'을 높이고 돈 공부를 함께 하는 것입니다. 가정이란, 사회의 가장 작은 축소판이라고 할 수 있습니다. 가정에서 아이에게 어떤 가치를 심어주는지에 따라 사회에서 아이가 어떻게 살아가게 될지 결정됩니다. 돈을 한 번도 관리해보지 않았고 아무런 노력도 하지 않았는데 본인이 원하는 장난감, 용돈, 고가의 용품까지도 모두 채워지는 것을 경험한 아이는 본인이 왜 노력해야 하는지를 깨닫지 못하게 됩니다. 자녀가 스스로 독립하여 자립심을 갖게 될 때 비로소 부모에게 정신적으로 경제적으로 의존하지 않는 진정한 어른이 됩니다.

한국 부모들은 돈 교육에 대한 중요성을 잘 알고 있지만, 막상 아이들에게 돈 공부를 언제부터 어떻게 시켜야 할지 고민이 많습니다. 고민하는 부모들에게 『공부머리보다 금융머리를 먼저 키워라』는 유치원생부터 고등학생까지 연령별로 어떻게 돈 교육을 진행해야 하는

지 매우 구체적으로 가이드라인을 줍니다. 책에서 소개하는 연령별 돈 교육 솔루션을 그대로 실천한다면 반드시 우리 아이의 경제적 자립과 성공을 이끌어낼 수 있을 것입니다.

예를 들어 자녀가 유치원생인 경우, 저금통을 두 개 준비하여 하나는 '자신을 위해서' 또 다른 저금통은 '다른 사람을 위해서' 모으는 것이라고 알려주며 절제와 나눔의 가치를 동시에 가르치도록 권유합니다. 초등학생인 경우에는 예금과 대출의 개념을 알려주고, 투자를 통해서 돈을 불리는 과정을 알려줍니다. 초등학생 아이들은 친구들과 어울리면서 이런저런 소비를 하게 되는데, 이 책은 '현금과 신용 거래'의 차이를 반드시 가르쳐야 한다고 강조합니다. 신용 카드를 과도하게 사용하여 경제적 어려움을 겪고 심지어 신용 불량자가 되는 성인들이 많은 이 시대에 이 책은 아이의 운명을 만들어가는 교육이 될 것입니다. 책에 기재되어 있는 '아이의 신용 이력을 체크할 수 있는 사이트'는 개인 정보 관리가 중요한 현대 사회에서 아이가 사전에 배우고 준비할 수 있도록 돕는 유용한 정보입니다.

또한 중학생이 되면 아이가 실제로 투자를 연습해볼 수 있도록 계좌 개설을 돕는 가이드라인을 알려줍니다. 아이에게 인플레이션을 고려하여 어떠한 투자를 해야 하는지 알려주는 법, 외국의 통화를 사는 경험까지 하도록 이끌어주는 법도 쉽게 설명하고 있습니다. 코로나바이러스, 러시아 우크라이나 전쟁 등 각종 악재로 인해 경제적 불안감이 고조되고 불확실성이 확산되며 주식은 하락하고 달러, 금 등 안전 자산의 가격이 치솟았습니다. 어릴 때 가정에서 외화 매수나 다양한 투자 방법을 익히게 된다면, 자녀는 성인이 되고 나서 경기가 안 좋은 시기가 오더라도 다른 사람들처럼 망연자실하여 포기하는 것이 아니라 위기 속에서 기회를 찾는 사람이 될 것입니다.

더 나아가 이 책은 자녀가 고등학생이 되면 구체적인 금융 플랜을 세우며 대학 학비에 대해서 이야기를 나누고 세금에 대한 교육까지도 진행할 것을 권합니다. 아이가 대학의 학비를 알게 되면 혹시 부담이 되지 않을까 라는 생각으로 공유하지 않는 것보다는 아이에게 현실적인 비용을 공유하는 것이 좋다고 강조하고 있지요. 또한 투자 대상은 주식이나 외환 등에만 국한된 것이 아니라 바로 '자기 자신에 대한 투자', 자기 계발이 중요하다는 메시지도 덧붙입니다. 저 역시, 엄마의 통장 분리 방법에서 '5.3.2 시크릿 머니 법칙'을 강조하며 반드시 일정 비율을 자기 자신의 배움을 위해서 할당할 것을 권합니다. 자기 투자는 미래의 부자가 되기 위한 가장 확실한 수단이기 때문입니다.

기초 금융 상식과 연령별 돈 교육, 투자 시뮬레이션 게임 방법, 유용한 사이트, 자산 증가율표 등 이 요즘 시대에 꼭 필요한 실용적인 내용으로 구성한 이 책은 가정에서 돈 교육을 효과적으로 실천할 수 있는 구체적인 도움을 줍니다. 이 책에서 소개하는 연령별 돈 교육은 아이의 성장에 긍정적인 환경을 만들어줄 것입니다.

『공부머리보다 금융머리를 먼저 키워라』는 아이에게 단순히 돈이 중요하니 열심히 모으고 관리해야 한다는 것을 알려주는 책이 아닙니다. 이 책은 부모와 아이가 함께 돈 공부를 실행하면서 돈을 다루는 지혜를 깨달을 수 있도록 해답을 담고 있습니다. 여전히 가정에서 돈 이야기를 터부시하고 경제 교육을 등한시하는 한국 사회에서 나의 자녀가 미래에 '돈에 휘둘리는 삶이 아닌 돈을 통제하고 이끄는 성공적인 삶'을 살아가기 위한 노하우를 담고 있는 이 책은 경제 교육의 훌륭한 길잡이가 되어줄 것입니다. 대한민국 부모들의 일독을 권하며, 이 책에 제시된 방법으로 자녀를 위한 돈 공부를 차근차근 진행해나간다면, 부모와 자녀의 미래가 탄탄하게 준비되고 더 나아가 대한민국의 미래가 훨씬 밝아질 것이라고 확신합니다.

돈 걱정을 아이에게 물려주지 않으려면
금융머리 교육을 시작하라

여러분은 자녀가 어떤 인생을 보내기를 바라나요? 아마도 '아이가 행복하기만 하면 더 바랄 게 없겠다'고 하는 분이 대부분일 겁니다. 그렇다면 아이가 행복하게 살기 위해 지금 이 시대에 가장 필요한 교육은 무엇일까요? 저는 '돈 교육'이라고 확신합니다. 돈에 관한 지식이 자유와 안심, 그리고 행복으로 가는 티켓이 될 것입니다.

어린 시절, 미국과 영국을 오가며 느꼈던 점은 바로 동양인과 서양인의 '돈'을 바라보는 관점의 차이였습니다. 보통 동양에서는 예부터 돈 이야기를 꺼내면 천박하다거나 상스럽다는 말을 들어왔는데, 이런 관습은 지금도 뿌리 깊게 남아 있습니다. 그래서 가정에서 돈 교육을 하기는커녕 아이에게 돈 이야기를 꺼내는 것조차 터부시합니다.

그런데 금융 컨설턴트로서 많은 고객과 경제 상담을 하며 그분들의 인생과 자산 형성 과정을 살펴보다가 알게 된 사실이 하나 있습니다. '행복도가 높은 사람의 약 90%는 돈에 대한 불안이 없다'는 사실입니다. 혹시 모를 오해를 방지하기 위해 덧붙이자면 '돈에 대한 불안이 없다 = 부자, 자산가'라는 뜻은 아닙니다. 제가 말하는 돈에 대한 불안이 없는 사람이란 '돈에 휘둘리지 않고 돈을 잘 다루는 사람'을 뜻합니다.

재정 관련 상담을 수도 없이 해오면서 저는 천국과 지옥을 오가는 각양각색의 인생 드라마를 봐왔습니다. 부족함 없이 자라다가 부모님의 이혼을 계기로 자취를 시작한 한 여성이 있었는데요. 그녀는 생활비와 저축에 대한 계획을 세우지 않고 되는대로 지내면서 생각 없이 신용 카드를 긁었고요. 현금 인출 서비스를 반복적으로 받았을 뿐 아니라 의지했던 남성에게 속아 파산 직전까지 몰렸습니다. 부모님께 도움을 요청했지만 부모님이 운영하는 회사도 기울어가는 형편이었기에 도움을 받지 못했고, 결국 그녀는 무너졌습니다. 또 어떤 여배우는 성공한 경영인과 결혼했지만 경영난과 인수 합병에 난항을 겪던 남편이 파산 신청을 결정했습니다. 그 후 남편이 세상을 떠나자 연대 보증인이었던 그녀는 집을 잃고 통장 잔액도 바닥나게 되었습니다. 너무 극단적인 사례인 것 같다고요? 미래의 경제 상황을 걱정하는 사람은 아주 많습니다. 그리고 미래가 불안한 사람들은 하나같이 원망하듯 "나는 돈 교육을 받지 못했어요" "어릴 때 돈 교육을 받았더라면 지금 이런 고민을 안 했을 텐데…"라고 말합니다.

제가 어렸을 때 서양에서는 이미 재정 전문가에게 조언을 구하는 사람이 많았습니다. 그런데 일본에는 은행원이나 증권사 직원은 있어도 그들이 재정 전문가는 아닌 데다가 담당자가 계속 바뀌기 때문에 장기적인 자산 형성에 대한 상담을 하기가 어렵습니다. 일본에는 진정한 재정 전문가가 없다는 결론을 내린 저는 파이낸셜 플래너 자격을 취득하고 스스로 재정 전문가가 되기로 결심했습니다.

1990년대 후반 미국에서는 스탠퍼드 대학교에서 래리 페이지와 세르게이 브린이 컴퓨터 공학에 푹 빠져서 웹페이지의 인바운드 링크를 연구한 끝에 '구글'을 설립했습니다. 래리 페이지처럼 유대인이었던 어느 아저씨께서 저에게 해주신 말씀이 아직도 기억납니다.

"서구의 부유층과 지혜로운 유대인이 앞으로 세상을 좌지우지할 거야. 돈에 관한 지혜는 삶의 지혜란다."

래리 페이지는 2021년 기준으로 경제전문지 「포브스」의 세계 억만장자 순위 8위에 올라 있습니다. 순수 자산 규모는 445억 달러, 한화로 약 48조 9,000억 원에 이릅니다. 래리 페이지 외에도 마이크로소프트, 애플, 아마존, 페이스북, 스타벅스 등 시가 총액이 높은 기업 대부분의 창립자가 유대인인 것을 어린 시절 유대인 아저씨에게 들었던 의미심장한 말을 새삼 떠올리게 됩니다. 또 언제나 온화한 미소로

다양한 그림책을 읽어주시던 유대인 할아버지는 저에게 이런 말씀을
자주 하셨습니다.

"재산은 빼앗을 수 있어도 지혜는 빼앗을 수 없단다."

이 책을 통해 제가 강조하는 돈 교육은 그저 돈을 많이 벌기 위해
하는 공부가 아니라 '돈에 휘둘리지 않는 삶을 살기 위한 공부'입니다.
돈에 휘둘리지 않는 삶을 살면 쓸데없는 걱정이나 고생을 하지 않고,
자유로운 시간을 확보할 수 있습니다. 그리고 그 시간을 놀이든 일이
든 자신이 좋아하는 일에 쏟을 수 있게 되지요. 또 돈 교육은 단순히
돈의 체계나 투자 교육, 자산 형성 방법 등을 가르치는 일이 아니라
근로 방식이나 타인과의 커뮤니케이션에 관한 깨달음을 얻게 해주는
교육입니다.

저는 누구도 빼앗지 못하는 소중한 '지혜'를 우리 아이들에게 전하
기 위해 이 책을 집필했습니다. 이 책을 펼친 여러분에게 저는 몇 번이
고 묻고 싶습니다. 여러분은 아이들과 돈에 대한 이야기를 나누고 있
나요?

가와구치 유키코

목차

제1장

돈의 흐름을 아는 아이가 돈을 이기는 어른이 된다

아이를 돈을 모르는 고학력 백수로 키울 것인가

이론편 : 금융머리를 만드는 기초 상식

실전편 : 평생 경제 자립을 완성하는 연령별 돈 교육

고등학생 : 20세 이후의 구체적인 금융 플랜 세우기

에필로그

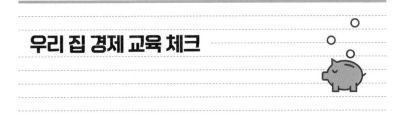

우리 집 경제 교육 체크

　이 책을 읽기에 앞서서 여러분 가정에서 돈 교육을 어떻게 하고 있는지 확인해볼까요? 다음 질문을 읽고 현재 상황에 체크해보세요.

① 아이 용돈은 어떻게 정하나요?

A	연령에 맞춰서 자동적으로 금액을 올려준다.
B	아이와 협상해서 결정한다.

② 아이에게 용돈을 어떻게 주고 있나요?

A	대화를 통해 지급 방법과 시기를 결정한다.
B	정해진 날짜가 되면 준다.

③ 아이가 용돈을 어떻게 쓰게 하나요?

A	아이의 자율성에 맡겨서 원하는 대로 사용하게 한다.
B	아이 스스로 계획을 세워서 사용하도록 지도한다.

④ 아이가 저금통을 어떻게 사용하고 있나요?

A	용돈이 남으면, 무조건 저금한다.
B	목적을 미리 정한 후 저금한다.

⑤ 아이가 몇 살부터 심부름을 시키는 것이 좋다고 생각하나요?

A	초등학생이 되면 혼자 보낸다.
B	초등학생이 되기 전부터 어른과 동행하는 방식으로 보낸다.

⑥ 괄호 안에 들어갈 말을 고르세요.

> 공부나 운동 등 아이의 목표는 모두 (㉠) (㉡).

A	㉠ 정하지 않고 ㉡ 본인에게 맡긴다
B	㉠ 구체적으로 ㉡ 가시화한다

⑦ 괄호 안에 들어갈 말을 고르세요.

돈에 관해서는 ( )를 말해준다.	

A	에피소드
B	결과

⑧ 아이 명의의 은행 계좌를 언제 만드는 것이 좋다고 생각하나요?

A	계좌는 초등학교 고학년 이상이 되었을 때 만들면 된다.
B	늦어도 만 6세가 되기 전에 만들어두어야 한다.

⑨ 아이와 돈에 대한 이야기를 나누나요?

A	사리분별을 할 줄 알게 된 다음에 제대로 이야기할 생각이다.
B	어려서부터 거리낌 없이 이야기하고 있다.

::체크리스트 해설::

① 아이 용돈은 어떻게 정하나요?

A	연령에 맞춰서 자동적으로 금액을 올려준다.
B	아이와 협상해서 결정한다.

[정답] B

[해설]

'○학년이면 △△원을 준다'는 식으로 용돈을 주면 아이는 나이를 먹을 때마다 용돈을 올려 받는 것이 당연하다고 착각하게 됩니다. 이는 회사에서 월급을 지급하는 방식을 참고할 수 있습니다. 미국은 오랜 옛날부터 성과주의가 뿌리내리고 있어서 월급에 대한 절대적인 보장을 받지 못하는 분위기였습니다. 반면 과거 일본의 경우는 대기업에 들어가면 직급이 올라갈 때마다 연봉도 오르는 것이 당연했습니다. 하지만 최근 일본과 한국에서도 서양처럼 성과주의와 비정규직 제도를 도입, 혹은 일의 성과에 따른 인센티브 제도를 도입하는 등 연봉과 월급 지급 방식을 바꾸고 있습니다.

가정에서 아이에게 용돈을 줄 때도 이와 같은 월급 지급 방식을 참고할 필요가 있습니다. 아이가 한 살 더 먹었다는 이유로 협상도 하지 않고 용돈을 올려주면 '돈'의 개념과 소중함을 인식하지 못하게 되기 때문에 아이에게 좋지 않습니다. 부모는 용돈의 금액은 물론이고, 용돈을 지급할지 말지도 아이와의 진지한 대화를 통해 결정해야 합니다.

② 아이에게 용돈을 어떻게 주고 있나요?

A	대화를 통해 지급 방법과 시기를 결정한다.
B	정해진 날짜가 되면 준다.

[정답] A

[해설]
①번 질문에서도 설명했듯이 용돈이 얼마나 필요하고 그 이유는 무엇인지 자녀와 대화를 나눠야 합니다. 아이가 이유를 명확하게 설명하고 "그러니까 이만큼의 용돈을 이 날까지 주세요"라고 요청하도록 논리적인 대화를 나누는 것이 중요합니다.

---

③ 아이가 용돈을 어떻게 쓰게 하나요?

A	아이의 자율성에 맡겨서 원하는 대로 사용하게 한다.
B	아이 스스로 계획을 세워서 사용하도록 지도한다.

[정답] B

[해설]
돈을 사용하는 방법을 처음부터 아는 아이는 없습니다. 부모가 제대로 가르쳐주지 않으면 아이는 지금 당장 가지고 싶은 물건에 모든 용돈을 쏟아부을 수도 있어요. 목표를 설정하고 거기에 도달하기 위한 계획을 세우는 방법을 미리 아는 아이는 '아직 모자라니까 조금만 더 참자!' '앞으로 몇 번만 용돈을 더 받으면 살 수 있다!' 하면서 용돈을 구체적인 숫자로 보는 습관을 들이게 됩니다.
또 우리나라에는 서양에는 없는 '세뱃돈'이라는 독특한 풍습이 있습니다. 아이의 세뱃돈을 어떻게 관리하고 있나요? 최근의 통계 자료에 따르면 초등학교 고학년까지는 엄마가 관리하는 가정이 많다고 합니다. 세뱃돈도 그냥 모아놓을 것이 아니라 아이와 상의해서 목표를 미리 정하고 어떻게 사용할지 계획을 세워보세요. 아이가 구체적인 금액을 알면 감사의 마음이 절로 생겨날 겁니다.

④ 아이가 저금통을 어떻게 사용하고 있나요?

A	용돈이 남으면, 무조건 저금한다.
B	목적을 미리 정한 후 저금한다.

[정답] B

[해설]

미국과 유럽을 오가던 어린 시절, 저는 항상 저금통 두 개를 가지고 다녔습니다. 저금통이 두 개인 이유는 하나는 '다른 사람을 위한 것' 또 하나는 '나의 단기적인 목표를 위한 것'으로 나눠서 사용했기 때문입니다.

미국과 유럽의 여러 나라에서는 다른 사람을 돕는 것이 당연한 분위기였기에 저 역시 지역 사회의 일원으로서 '부모님이 안 계신 아이들을 위해서' '복지 시설에 있는 사람들을 위해서' '의료 기관을 위해서' 등 필요할 때 기부하려고 저금통에 동전을 넣고는 했습니다. 그러면서 아직 어리지만 어엿한 사회의 일원임을 자각했고, 도움을 필요로 하는 사람에게 손을 내밀어주겠다는 생각과 책임감이 싹텄습니다. 저금통 하나는 꼭 필요한 문구용품 등을 구입하는 데 사용했습니다. 스스로 돈을 모아서 산 물건이기에 오랫동안 아끼며 사용했던 기억이 납니다.

⑤ 아이가 몇 살부터 심부름을 시키는 것이 좋다고 생각하나요?

A	초등학생이 되면 혼자 보낸다.
B	초등학생이 되기 전부터 어른과 동행하는 방식으로 보낸다.

[정답] B

[해설]
유치원에서 초등학교에 올라갈 무렵에는 자립심이 싹트기 시작합니다. 어쩌면 엄마나 아빠가 부탁하기도 전에 아이 본인이 먼저 가고 싶어 할 수도 있습니다. 아이가 심부름 가는 모습을 어른이 조금 떨어진 곳에서 지켜봐도 좋고, 집에서 엎어지면 코 닿을 거리여도 상관없습니다. 심부름은 돈의 가치와 사용법을 몸으로 체득하는 경험, 그리고 집 밖으로 나가 혼자 사회와 마주하는 귀중한 경험이 됩니다. 용기와 도전 정신을 배우는 교육적인 효과도 있습니다.

---

⑥ 괄호 안에 들어갈 말을 고르세요.

> 공부나 운동 등 아이의 목표는 모두 (㉠) (㉡).

A	㉠ 정하지 않고 ㉡ 본인에게 맡긴다
B	㉠ 구체적으로 ㉡ 가시화한다

[정답] B

[해설]
아이에게 "아마도" "그럴 것 같아" "왠지 느낌이 그래"처럼 애매하게 말해서는 안 됩니다. 어떤 목표든 구체적으로 '언제까지, 무엇을, 어떻게 할 것인가'를 정합시다. 공부를 예로 들자면 대충 '성적을 올리겠다'고 하면 안 됩니다. '3개월 후에 수학 시험에서 100점을 받겠다'처럼 명확한 목표를 설정해야 합니다. 그러기 위해서 노력하면 달성할 수 있는 목표를 자녀와 함께 생각해봅시다.
공부에 관한 목표라면 기간은 집중력이 떨어지지 않도록 3개월 후나 반년 후 등 비교적 짧게 설정하기를 추천합니다. 한편 돈에 관한 목표를 세울 때는 단기와 중장기로 목적을 명확하게 나누는 것이 좋습니다.

⑦ 괄호 안에 들어갈 말을 고르세요.

돈에 관해서는 ( )를 말해준다.

A	에피소드
B	결과

[정답] A

[해설]
엄마 아빠는 애정이 있기에 '이렇게 해라, 저렇게 해라' 조언하지만 아이는 '또 잔소리 시작이네' '지금 하려고 했는데' '듣기 싫다'라고 생각할 때가 있습니다.
한편 서양의 부유층 엄마 아빠는 구체적인 과정을 설명하는 데 능숙합니다. 아이가 호감을 가지고 있는 가까운 어른이나 동경하는 위인, 영웅 등을 예로 들면서 "그 사람은 남모르게 이런 노력을 해서 어른들을 깜짝 놀라게 하고는 했단다" 하고 웃으며 가르쳐 줍니다. 혼이 난 뒤에 마지못해 책상에 앉는 것보다는 아이 스스로 '나도 열심히 해야지!' 하고 생각하는 편이 공부 효율이 훨씬 높겠지요. 돈 교육도 마찬가지입니다. '이렇게 하면 얼마를 벌게 된다'며 금액과 결과 위주로만 알려주지 말고, '그 사람은 이런 방법으로 저축을 했고, 돈을 모으는 과정에서 이런 일이 있었다'는 식으로 에피소드를 구체적으로 들려주면 아이의 올바른 경제 가치관을 형성하는 데 도움이 됩니다.

....

⑧ 아이 명의의 은행 계좌를 언제 만드는 것이 좋다고 생각하나요?

A	계좌는 초등학교 고학년 이상이 되었을 때 만들면 된다.
B	늦어도 만 6세가 되기 전에 만들어두어야 한다.

[정답] B

[해설]

어렸을 때 아이 명의의 계좌를 만들어두시기 바랍니다. 그리고 종이 통장도 꼭 발급받기를 추천합니다. 요즘에는 인터넷 뱅킹과 신용 거래가 주류가 되고 있지만 아이는 통장의 페이지를 넘기면서 과거를 돌아보거나 현재 돈이 얼마나 모였는지 확인해야 돈이 있다는 사실을 실감하게 됩니다. 저 역시 통장 겉면에 제 이름이 인쇄되어 있는 것만 봐도 뿌듯했습니다. 매달 돈이 차곡차곡 쌓이는 모습과 이자를 확인하면서 흐뭇해 했던 기억이 납니다.

⑨ **아이와 돈에 대한 이야기를 나누나요?**

A	사리분별을 할 줄 알게 된 다음에 제대로 이야기할 생각이다.
B	어려서부터 거리낌 없이 이야기하고 있다.

[정답] B

[해설]

물건을 살 때, 병원에서 치료를 받을 때, 누군가를 축하할 때 등등 우리가 원하는 것을 얻기 위해서는 돈이 필요합니다. 아이들도 부모님의 모습을 보면서 어느 정도 나이가 들면 사회의 이런 시스템을 알게 됩니다. 그리고 "왜요?"라는 질문이 폭발하는 만 3세 이상이 되면 아이는 자연스럽게 돈에 관한 질문도 합니다. 그 기회를 놓쳐서는 안 됩니다. 순수하고 호기심이 왕성한 이 시기의 아이들은 흡수력이 뛰어납니다. 부디 천천히 알기 쉽게 돈의 가치와 그 구조에 대해 설명해주시기 바랍니다. 그러기 위해서 이 책으로 부모님을 비롯한 가족들이 미리 연습해보면 어떨까요?

제1장

돈의 흐름을 아는 아이가
돈을 이끄는 어른이 된다

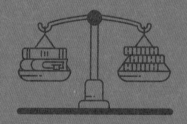

아이를 돈을 모르는 고학력 백수로 키울 것인가

돈을 대하는 태도가 인격을 만든다

저는 미국, 영국에 거주하던 유소년기부터 금융 컨설턴트로 활동 중인 지금까지 수많은 비즈니스 엘리트를 만나왔습니다. 그들은 상대의 국적이나 연령, 커리어에 상관없이 누구에게든 미소로 대하고는 했습니다. 하지만 반대로 부자 중에서도 자신의 공적을 자랑하고 권력을 가진 사람에게 아부를 하는 인물들도 많았습니다. 이런 성격 차이는 대부분의 경우, 어린 시절에 받은 '용돈 협상 교육'과 관련되어 있었습니다.

유복한 가정에서 태어나 부유한 환경을 당연하게 생각하며 자라온 아이가 자기보다 가난한 가정의 아이를 괴롭히는 경우를 예로 들어보겠습니다. 그 아이들은 깊이 생각하지 않고 자기 환경에 기대어 부모님과 가족들이 쌓은 부와 명예를 마치 자기 것처럼 여깁니다. 그래서 자신이 대단한 존재라고 착각하는 건지도 모르지요. 하지만 돈의 가치와 그 돈을 어떻게 벌었는지를 아이가 제대로 알고 있다면, 돈을 과시하며 자기 공적인 양 행동하지 못할 겁니다.

아이에게 용돈 한 번을 주더라도 '협상의 과정'을 거친다면 아이는 그 돈이 누구로부터, 어떤 의도를 가지고 전달된 돈인지를 이해할 수 있게 됩니다. 그럼 아이는 낭비를 하지 않을 뿐 아니라 돈을 과시하지도 않을 겁니다. 보통 협상을 할 때 중요한 점은 미소 띤 얼굴로 사람을 기분 좋게 대하는 태도인데요. 아이와의 용돈 협상도 마찬가지입니다. 만약 아이가 불만이 있는 듯한 표정으로 용돈 협상에 임하면 그 점을 반드시 지적하고, 망설임 없이 평소보다 안 좋은 조건을 제시하시기 바랍니다. 그런 경험을 해본 아이는 다른 사람과의 커뮤니케이션을 중요하게 생각하게 될 겁니다.

또 모금이나 봉사 활동 등의 사회 공헌 역시 중요한 돈 교육의 일환입니다. 돈의 소중함을 알고 '누군가를 위해 돈을 쓰는 경험'을 해본 아이는 어떤 어른으로 자랄까요? 적어도 아무렇지 않게 남을 업신여기는 사람이 되지는 않을 겁니다.

돈 교육, 미래의 사고를 대비하는 최선의 방법

●

2019년 전 세계로 퍼진 코로나바이러스는 높은 전염률과 사망률로 우리 생활을 뒤흔들고 있습니다. 자가 격리로 인해 생활에 지장이 생긴 사람도 상당히 많고, 의료 종사자들에게도 큰 부담을 주고 있습니다. 어떤 지식인은 본인의 저서에 '코로나바이러스로 인해 세계적인 경제 격차가 줄어든다'고 썼는데 저는 그 반대라고 생각합니다.

집에서 생활하는 시간이 길어지고, 몇 차 유행이 닥칠지 모르는 상황에서 온라인 수입의 보급, 원격 시스템 촉진, 온라인 마켓 이용률 증가 등을 고려하면 미국의 아마존, 마이크로소프트, 페이스북, 구글 등 일부 대기업의 자산이 더 늘어날 겁니다. 종합적으로 생각해보면 격차는 점점 커지고 있는 것 같습니다. 코로나바이러스뿐 아니라 세계적인 재해는 과거에도 여러 번 일어났었고, 아마 앞으로도 일어날 겁니다. 재해를 정확하게 예측하는 일은 현대 과학으로는 불가능하지만 미리 대비할 수는 있습니다. 일찍부터 가정에서 돈 교육을 받은 아이는 스스로 인생을 시뮬레이션해보고 다가올 미래에 대비하기 위해 지금 해야 하는 일들이 무엇인지를 명확하게 설계하게 됩니다. 이 계획 안에는 당연히 재해와 같은 예측할 수 없는 리스크도 포함되어 있지요.

서양의 부유층은 어릴 때부터 가정에서 돈 교육을 받습니다. 그렇기 때문에 눈앞의 돈에 집착하는 일 없이 만약의 사태에 대비해 평소에 사유 재산을 모으고 갑작스러운 재난에도 흔들리지 않도록 인생 설계를 합니다. 물론 사태의 심각성에 따라서는 미리 준비해도 해결하지 못하는 케이스도 있을 것입니다. 그렇지만 보통 이런 금전적인 대비는 유사시뿐 아니라 일상에서도 효과를 발휘합니다.

'예기치 못한 사태가 일어나더라도 이 돈으로 적어도 ○개월은 먹고 살 수 있다.'

돈 교육은 아이 마음에 안심과 여유를 심어주고, 성인이 된 후에도 일상생활을 더욱 즐겁게 만들어줄 것입니다.

재정 계획을 세우며 깨닫는
자녀 교육의 지혜

재정 계획 세우기는 자녀 교육의 연장선이다

●

　고객의 자산 형성을 도울 때 파이낸셜 플래너는 개개인에 맞는 라이프 플랜을 작성합니다. 목표를 설정하고 아이 교육비가 드는 기간, 주택 대출, 노후에 보내게 될 시간, 여행 갈 시기, 자동차를 구입하는 시기, 집을 수리할 시기, 아이의 입학이나 결혼 등으로 목돈이 들어가는 시기 등 다양한 지출을 고려해 시간 순서대로 늘어놓습니다. 앞으로 필요한 돈 계획을 세워두면 막연하게 미래를 생각할 때보다 훨씬 구체적인 목표를 세울 수 있고, 언제까지 얼마가 필요한지를 파악할 수 있습니다.

이렇게 재정 계획을 세우는 것과 아이의 기질이 형성되는 과정은 상당히 비슷합니다. 재정 계획이 장래의 목표를 명확히 함으로써 지금 해야 하는 일이 무엇인지를 분명하게 해주는 것처럼, 앞으로 어떤 잠재력을 갖춘 아이가 되기를 바라는지에 따라 지금 해야 할 일이 크게 달라집니다. 오늘의 환경과 교육이 장래의 성격을 만들기 때문입니다.

미국에서는 취직할 때 극히 일부의 명문 학교를 제외하면 대학 이름보다 GPA라는 성적 지표 외에 인턴십이나 봉사 활동 경험 등을 봅니다. 이는 일본에 있는 외국계 회사도 마찬가지인데 이제는 학력보다 실제 경험이나 활동을 중요하게 생각하는 시대가 되었습니다. 또 세계적인 명문 대학인 하버드 대학은 입학시험에서 고득점을 얻었다고 해서 반드시 합격시키지는 않습니다. 서로를 자극하고 전체를 성장시켜나갈 '다양성'을 창조해낼 수 있느냐 역시 중요한 평가 대상이기 때문입니다. 그래서 아이 안에 빛나는 개성이나 자질이 있는가를 확인합니다.

불황일수록 아이의 안정적인 미래를 생각해 공무원이 되기를 바라는 부모가 많습니다. 물론 그런 바람이 나쁜 건 아니지만 안정적인 삶을 살기를 바라는 마음에 지금 아이가 열중하고 있는 일을 경시하고 "그런 걸 해서 뭐가 되려고 그러냐?" "이건 너한테 도움이 안 돼!"라고 하면서 싹을 잘라버리지는 않았나요? 아무 생각 없이 던지는 부모의 한마디가 아이 마음에는 상처로 남습니다.

아이가 스스로 흥미를 가지고 몰두하고 있는 일이 있다면 그것에 대해 더 깊이 이해할 수 있는 곳에 데려가는 등 꼭 뒤에서 지원해주시기 바랍니다. 남들과 같은 걸 하면 일단 안심하지 말고, 내 아이만의 기질과 개성을 끌어내는 것이 중요합니다.

자산 형성을 할 때 자산 자체가 계획을 세워주는 일은 없습니다. 아이의 성격, 기질, 잠재력 형성도 이와 마찬가지입니다. 아이에게 강요할 수는 없습니다. 부모나 가족이 명확한 목표를 세우고 아이와 계획을 공유하시기 바랍니다. 어려서부터 단계적으로 돈 교육을 받음으로써 일이나 수입에 대한 인식을 달리하고 커뮤니케이션 능력을 기르며 찬스와 리스크를 분별하는 방법도 익힌다면, 아이는 늠름하게 현대 사회를 살아가는 진정한 의미의 엘리트가 될 것입니다.

부모와 아이 모두를 성장시키는 금융문맹 탈출 프로젝트

●

돈 교육은 단순히 자산을 늘리기 위한 공부가 아닙니다. 세계를 아는 일이자 미래를 내다보고 계획을 세우는 일과도 같지요. 또 어떤 일을 생각하는 힘과 사회 공헌에 힘쓰는 따뜻한 마음을 기르는 배움으로도 이어집니다. 돈 교육을 통해 아이는 세상을 공연히 두려워하지 않고 생기 넘치는 호기심과 목표 의식을 가지고 나아갈 것입니다. 만약 "어린 아이가 벌써부터 돈에 대해 알려고 하면 안 되는 거야!" "무조건 아껴 쓰는 게 답이란다"는 말들로 아이를 다그치고 돈에 대한 부정적인 인식을 심어준다면 어떻게 될까요? 아이는 자연스럽게 돈 교육을 거부하게 되고 올바른 경제관념을 갖기 어려워집니다.

안타깝게도 보통의 학교에서는 돈 교육을 받을 기회가 거의 없습니다. 교사 역시 그런 교육을 못 받으며 자란 사람이 대부분이기 때문에 필요성을 느끼더라도 제대로 지도하지 못하는 실정입니다. 그렇다면 그 역할을 대신할 사람은 누구일까요? 바로 부모나 가족밖에 없습니다. 어떻게 하면 아이가 즐기면서 배울 수 있는 환경을 만들 수 있을지 생각해보세요. 아이를 성장시키는 시간은 부모가 성장하는 시간이기도 합니다. 아이에게 돈 교육을 하면서 꼭 함께 배우기를 바랍니다.

부모 마음에 여유가 생기면 육아에도 여유가 생깁니다. 아이들을 사랑으로 보듬기 위해서라도 우선은 부모가 안심할 수 있는 생활을 할 필요가 있습니다. 돈에 관한 지식은 그 사람의 인생에 깊이 관여합니다. 공부의 일환으로만 생각하지 말고 가족들과 즐겁게 배우는 시간을 마련해보면 어떨까요?

돈 교육을 받은
아이의 강점

돈 교육 = 자기 욕구를 조절하는 힘

돈 교육을 받은 아이는 돈을 모으는 목적이 분명하고, 목표도 명확
하기 때문에 미래를 위해 자기 욕구를 참을 줄 알게 됩니다. 아이라면
누구나 과자나 게임기를 가지고 싶어 하는 게 당연한데, 그런 마음이
들 때 돈 교육을 받은 아이는 곧바로 "사줘!"라고 말하기 전에 혼자 생
각을 해봅니다. '엄마 아빠에게 다음 달 용돈으로 갚겠다고 제안해볼
까?' 하는 식으로 말입니다. 저 역시 할머니 할아버지와의 협상 과정

을 거친 후 용돈을 받았기 때문에 갖고 싶은 물건이 눈앞에 나타났다고 해서 곧바로 사달라고 조르는 일은 없었습니다. 마트 같은 곳에서도 과자를 사달라고 떼를 쓰며 우는 모습을 보인 적이 없지요. 보통의 아이들은 본래 순수해서 어른이 알아듣게 설명하면 이해하고, 이를 실행하는 능력이 뛰어납니다. 하지만 아무것도 배우지 못한 상태에서 무조건 참으라고만 하면 감정이 폭발할 때도 있을 겁니다.

인내를 강요하는 대신, 당연하게 인내할 수 있는 사고력을 길러주는 것이 돈 교육의 중요한 목표 가운데 하나입니다. 그리고 지금 당장 갖고 싶은 마음을 일단 내려놓고 객관적으로 '정말로 필요할까?'를 자문자답할 수 있게 되는 장점도 있습니다. 누군가가 물어봐서 생각하는 것이 아니라 스스로 의문점을 발견하는 능력은 학습에도 긍정적인 영향을 줍니다. 자기 절제력, 인내심 등 욕구 조절 능력을 가진 학생들 대부분은 부모가 말하지 않아도 알아서 자신이 해야 할 일을 스스로 해냅니다. 돈과 욕구를 조절하는 방법을 익히면 자기 인생을 컨트롤할 수 있게 되는 것입니다.

돈의 가치와 사용법을 아는 아이는 무엇이 다를까?

●

돈이란 '물건이나 서비스와 교환할 수 있는 동전과 지폐'를 가리킵니다. 그 종류와 매수에 따라서 금액도 달라지는데, 유치원생이나 초등학교 저학년 아이들은 여러 종류의 돈을 구분하기 어려워하게 마련입니다. 하지만 어려서부터 돈 교육을 받은 아이는 10원짜리 동전, 50원짜리 동전, 100원짜리 동전, 500원짜리 동전부터 1,000원짜리 지폐, 5,000원짜리 지폐, 1만 원짜리 지폐, 5만 원짜리 지폐까지 순서대로 늘어놓고 가치의 차이를 이해할 수 있게 됩니다. 그리고 심부름을 하러 가서도 계산을 척척 해냅니다.

예를 들어 가격이 '1만 3,000원'이라고 하면 망설임 없이 1만 원짜리 지폐 한 장과 1,000원짜리 지폐 세 장을 꺼냅니다. 만약 1,000원짜리가 부족하면 1만 5,000원을 내고 거스름돈 2,000원을 받으면 된다는 계산도 빠르게 해내지요. '그런 건 내버려둬도 언젠가 아이가 알게 되는 거 아니야?'라고 생각하나요? 하지만 자국의 통화를 배우는 것은 돈 교육의 기본입니다. 돈은 물건이나 서비스의 가치에 대한 대용품이기 때문에 어려서부터 돈을 아는 것은 물건의 가치를 아는 일로도 이어집니다.

또 아이들은 한 번 흥미를 가지면 그와 관련된 다양한 질문을 떠올리기 시작합니다. 대부분의 부모들은 아이로부터 돈에 대한 질문뿐만 아니라 예상치 못한 문제에 관한 질문 공세를 받은 경험이 많을 겁니다. 어려서부터 돈의 개념과 종류를 가르치는 일은 돈에 대한 호기심의 씨앗을 뿌리는 행위이기도 하지요. 제 지인의 아이 가운데는 돈의 가치와 사용법을 알고 직접 사용해보는 경험을 통해 돈에 더 많은 흥미를 가지게 되어, 결국 외국 돈까지 구분하기 시작한 아이도 있습니다. 돈에 대해 배우는 것은 세계를 향해 새로운 창문을 여는 것과 같습니다.

호구는 그만! '현명한 소비자'가 된다

●

아이가 돈을 사용할 때 얻어지는 이점과 단점을 이해하게 되면, 자연스럽게 소비에 대한 올바른 자세를 가지게 되고 낭비하지도 않게 됩니다. 또한 상품을 사거나 사지 않는 두 가지 선택지 안에서만 고민하지 않고, 더 넓은 시야를 가지게 되지요. 예를 들어 꽃 가게에 갔을 때 그냥 마음에 드는 꽃을 사 오는 것이 아니라 "물은 어떻게 주면 되나요?" "어느 정도 있으면 시들까요?" "금방 시들어버리면 다른 꽃으로 교환해주나요?" "교환하려면 영수증이 필요한가요?" 등의 질문을 할 수 있게 되는 것이지요.

물건을 샀는데 열어보니 깨져 있었다면 다른 물건으로 교환해야 합니다. 그때는 교통비를 들여서 직접 찾아가야 하는지, 혹은 착불로 보낼 수 있는지 등 교환 방법도 함께 따져보아야 하는데요. 어른들 중에서도 내가 산 물건에 대한 확인, 협상 과정을 귀찮게 생각하는 사람이 많습니다. 만약 이 과정을 어린 시절부터 자연스럽게 몸에 배게 하면 타인과 의견을 주고받는 일이 어렵지 않을 것입니다.

상품을 고를 때도 마찬가지입니다. 같은 상품을 살 때도 '신뢰도가 높은 가게(혹은 사이트)는 어디인가?' '서비스가 좋은 곳은?' '배송료가 저렴한 곳은?' 등을 비교하면서 선택하려는 생각을 자연스럽게 하게 됩니다. 또 이렇게 함으로써 품질이 나쁜 물건이나 서비스를 사서 손해를 보는 사태도 피할 수 있게 됩니다. 즉 아이는 돈 교육을 통해 '현명한 소비자'가 될 수 있는 것이지요.

발표력과 논리력을 키워주는 용돈 협상

●

용돈은 연령에 따라서 금액을 저절로 올려주는 것보다 협상을 통해 결정하는 것이 좋습니다.

"엄마, 아빠. 나는 용돈이 ○○원 정도 필요해요. 왜냐하면 ○○하고 싶으니까."

"그래. 그러려면 강아지를 돌보는 것이 어떻겠니?"

"구체적인 용돈 계획안을 작성해오면, 엄마가 용돈을 올려줄게."

이렇게 아이와 의논하여 용돈을 정해봅시다. 이런 협상의 경험을 쌓은 아이는 교실에서 발표를 할 때, 그리고 학급 회의에서 자기 의견을 말할 때 논리정연하게 전달할 수 있게 됩니다. 아이는 자라면서 친구, 선후배, 담임 선생님, 동아리 담당 선생님 등 다양한 사람들을 만나며 인간 관계가 점점 넓어지는데요. 용돈 협상을 경험한 아이는 각각의 관계와 상황에 맞게 자신의 의견을 조리 있게 피력할 수 있게 됩니다.

그리고 협상에는 상대의 생각을 재빠르게 이해하는 일도 중요하기 때문에 주위의 이야기에 귀를 기울이는 '경청'하는 힘도 생깁니다. "응, 그렇지! 그건 그래서 그런 거지?" 하며 상대방 이야기에 귀를 기울이면서 자기 의견도 제대로 전달할 수 있게 되는 것이지요. 이런 협상 능력과 커뮤니케이션 능력은 사회에 나갔을 때 가장 활용하기 좋은 능력 아닐까요?

제 고객 중 어린 시절부터 돈 교육을 받으며 자란 한 사업가의 이야기를 예로 들어보겠습니다. 그는 학창 시절에 일본에서도 유명한 한 IT 기업의 창업자와 대화할 기회를 얻었습니다. 사람에 따라서는 긴장하고 위축될 만한 상황이었지만 그는 전혀 주눅 들지 않고, IT 기업 창업자에게 "이런 물건이 세상에 나오면 사회에 공헌을 하게 될 뿐 아니라, 사람들에게 의욕을 북돋아줄 수 있을 거예요!" 하고 눈을 반짝이며 자신의 꿈과 목표를 이야기했다고 합니다. 사회에 나간 뒤, 그는 자기 사업을 시작해 큰 성공을 거뒀습니다. 그리고 방송에서 주목해야 할 젊은 기업가로 소개되기도 했습니다.

IT 창업자의 마음에 들었기 때문에 제 친구가 성공했다는 이야기를 하려는 것이 아닙니다. 상대가 어떤 사람이든 자기 의견이나 생각, 목표를 정확하게 전달하는 사람에게는 자연스레 협력자와 투자자가 모입니다. 그리고 이러한 능력은 자신이 원하는 인생을 즐겁게 살 수 있게 도와줍니다.

시간을 팔지 않고도 돈을 벌 수 있다

●

하루는 24시간입니다. 시간은 누구에게나 똑같이 주어지지요. 식사나 목욕, 수면 등에 필요한 시간을 제외하면 실제로 활동할 수 있는 시간은 15시간 정도일 겁니다. 이 하루 15시간을 자기 몸을 움직여서 돈을 번다고 가정하면, 노동 시간에 따른 대가를 계산할 수 있습니다. 예를 들어 아르바이트나 계약직 사원의 급여는 시급으로 계산됩니다. 시급이 1만 원이면 아무리 열심히 일해도 하루에 벌 수 있는 돈은 최대 약 15만 원입니다. 쉬지 않고 일한다 하더라도 한 달(30일)에 벌 수 있는 돈은 450만 원입니다. 시간이 지날수록 시급이 조금씩 늘어난다고 해도 처음부터 한계치가 정해져 있습니다.

회사원도 사정이 비슷합니다. 기본급 없이 실적에 따른 커미션을 제공하는 영업직 등 특수한 경우를 제외하면 회사원의 월급도 아르바이트나 계약직 사원과 비슷하다고 생각하면 됩니다. 회사에서 일하든 아르바이트를 하든 자기가 일해서 돈을 버는 노동 집약형의 워크 스타일이기 때문에 수입은 '더하기' 방식으로 늘어납니다. 1시간 동안 야근을 하면 야근 수당이 기본급에 가산되겠지요. 어쨌든 '더해지는 구조'입니다.

자기 사업을 하면 일할수록 더 많이 벌 수 있다고 생각하는 사람도 있을지 모르지만, 아무리 스스로 회사를 설립해도 생각만큼 많이 벌지 못하는 사람이 대부분인 것이 현실입니다. 워크 스타일의 폭이 넓어지고 지금은 '1인 기업'의 사장도 흔히 볼 수 있게 되었습니다. 하지만 회사를 차려도 노동 집약형으로 일하거나 자금 마련에 힘들어하거나 유능한 인재를 구하지 못해 점점 피폐해져가는 사람도 적지 않습니다. 자기 사업에서 돈을 벌어다주는 시스템을 만들지 않으면, 회사원 시절과 마찬가지로 한계치를 정해놓고 일할 수밖에 없습니다. 또한 회사에 고용되어 있던 시절에 비하면 수입이 조금 늘었을지 모르지만 마차를 끄는 말처럼 일해야 하는 데다가 리스크는 회사원 이상으로 높은, 보상받지 못하는 워크 스타일로 사는 사람도 많지요. 일한 만큼 더하기 방식으로 돈을 버는 노동 수입의 가치 역시 중요하지만, 돈을 움직이고 이끌기 위해서는 '곱하기 수익'을 만드는 것을 추천합니다. 노동 수입으로 씨드 머니를 만들어 투자를 하고, 그 투자로 곱하기 수익을 만들어야 노동 수입 이상을 얻을 수 있습니다.

고수입을 유지하는 사장이나 자산가는 곱하기 방식으로 돈을 법니다. 예를 들어 대량 판매가 가능한 유통 방식을 개발해서 이익이 10배, 100배로 늘고 말 그대로 곱하기 방식으로 단위가 다른 수익을 창출합니다. 돈을 낳는 방법을 '구조화'하면 자기 시간을 뺏기지 않을 수 있습니다. 일하지 않고도 이익은 곱하기로 늘어 천정부지로 올라갑니다. 돈을 움직이게 하면 내가 자는 시간이나 식사하는 시간, 느긋하게 쉬는 시간에도 돈이 스스로 일하며 복리로 돈을 불려줍니다. 어려서부터 돈에 관한 지식을 접하고 구조화하는 방법을 배운 아이는 인생의 시간을 잘라내서 팔지 않고도 풍요롭게 살 수 있습니다.

돈 교육을
받지 않은 아이의 약점

돈은 언제든지 생긴다는 착각

●

용돈을 협상하거나 목표를 달성한 대가로 받는 아이보다 "내가 초
등학교 ○학년이니까 ○○원을 줘야 해!" 하는 식으로 받는 아이가
많을 겁니다. 그런데 이런 방식에 익숙해지면 아이는 '아무것도 하지
않아도 돈을 받을 수 있다' '나이가 들면 더 많이 받는 게 당연하다'고
생각하게 됩니다.

그러면 어떻게 될까요? 어차피 또 금방 받을 수 있다고 생각해서,

최악의 경우에는 용돈을 받으면 받는 대로 모조리 써버리는 아이가 될 수도 있습니다. 부모님과 상의하면서 용돈을 어떻게 사용할지 정하는 아이나 일단 저금통에 넣는 아이는 그나마 낫지만, 전부 써버리는 아이는 "돈이 없어서 아무것도 사지 못해…" 하며 스트레스를 받게 됩니다.

여기서 그 스트레스를 견디지 못하게 된 아이가 "엄마, 저거 사고 싶은데 돈 좀 주세요!"라고 했다고 해봅시다. 이에 응하는 엄마의 말과 태도가 아이의 돈에 대한 생각에 커다란 영향을 주게 됩니다. 만약 "그래, 알았어" 하고 엄마가 곧바로 돈을 내어주면 어떻게 될까요? 그러면 아이는 '다 쓰면 엄마나 아빠한테 달라고 하면 된다'고 이해하고, 그 후로도 용돈을 다 써버리고는 또 달라고 요구하는 사이클을 반복하게 됩니다.

용돈은 정기적으로 받을 수 있고, 나이를 한 살 더 먹을 때마다 금액이 늘어나며, 모자라면 또 달라고 해서 받을 수 있는 것이라고 생각하며 자란 아이는 어떻게 될까요? 어른이 되어서도 '돈을 벌기 위해 열심히 일한다'는 생각을 하지 않을 뿐 아니라 취직을 했다 하더라도 '월급이 생각만큼 안 오른다' '이런 쥐꼬리만 한 월급으로는 사고 싶은 걸 다 못 산다'라며 스트레스를 받게 됩니다. 돈을 받는 게 당연하고 부족한 게 이상하다는 생각에 빠지고 마는 것이지요. 그리고 기대한 만큼의 돈을 받지 못하는 것을 회사나 주변 탓으로 돌리며 퇴사하거

==== 용돈 협상 교육 유무에 따른 아이들의 차이점 ====

용돈 협상 교육을 받은 아이	용돈 협상 교육을 받지 않은 아이
· 자기 욕구를 조절할 줄 안다. · 올바른 돈의 가치와 사용법을 안다. · 현명한 소비자가 된다. · 커뮤니케이션 능력이 뛰어나다. · 돈에 끌려다니지 않는 인생을 산다.	· 참을성이 없다. · 돈이 생기는 대로 다 써버린다. · 물건을 살 때 꼼꼼하게 따져보지 않는다. · 용돈이 다 떨어지면 부모님이 또 준다고 생각한다. · 쉽게 돈을 버는 수단을 찾는다.

나 쉽게 돈을 벌 수단을 찾아 나설지도 모릅니다.

그렇다면 용돈을 더 달라고 요구했을 때 이유를 묻고, 납득할 만한 이유가 아니었을 때 참으라고 하면 어떻게 될까요? 기대했던 대로 돈을 받지 못한 아이는 당연히 스트레스를 느낄 겁니다. 하지만 이 일로 인해 다음에 용돈을 더 달라고 할 때는 나름의 이유를 생각하거나 전략을 바꿔서 빌려달라고 하는 등의 방법을 생각하게 될 겁니다. 다음 달에 용돈을 받을 때까지 기다리라고 하면 다음 달부터는 용돈을 어떻게 꾸려나갈지를 미리 고민해보게 될지도 모릅니다. 즉, 용돈을 다 써버리기 전에 계획을 세우는 것이지요.

돈은 유한한 자산이며 쉽게 손에 넣을 수 없다는 사실을 알면, 돈의 가치를 인식하게 됩니다. 나아가서는 사회에 나간 뒤에도 월급이 적다고 불평만 하는 사람이 아니라 '왜 부족한가?' '어떻게 하면 해결할 수 있을까?'를 스스로 생각할 수 있게 되지요.

단, 이때 한 가지 주의사항이 있습니다. 아이가 돈이 부족해 스트레스를 받다 보면 친구에게 돈을 빌려달라고 부탁할지도 모릅니다. 아이들끼리 돈을 빌리고 빌려주는 일은 매우 위험하기 때문에 이에 관해서는 부모가 아이에게 미리 주의를 주는 것이 좋습니다.

돈을 불리는 방법을 모른다

●

앞에서 용돈을 다 써버리기 전에 계획을 잘 세워야 한다는 사실을 아이에게 가르치는 것이 중요하다고 강조했지요. 하지만 받은 용돈을 단순히 저금통에 넣거나 은행에 맡기는 것만으로는 돈 관리를 잘하고 있다고 할 수 없습니다. 물론 매달 착실하게 돈을 넣어 저축하면 목돈 마련, 다양한 은행 서비스 이용, 예금자 보호법 제도로 안전성이 보장되는 등 여러 가지 이점이 있지요. 하지만 단순하게 저축만 하는 것보다는 단리와 복리의 차이점을 알면 훨씬 도움이 됩니다.

매달 통장에 돈을 넣으면 이자가 거의 붙지 않습니다. 예를 들어 연 0.02%의 금리로 매달 20만 원씩 30년 동안 은행에 저금한 경우, 원금 7,200만 원이 되는데 여기에 이자는 세금을 고려하지 않더라도 8,660원밖에 붙지 않습니다. 그런데 만약 30년 동안 금리가 3%라면 이자만 약

3,550만 원이 붙습니다. 게다가 복리로 3%라면 약 4,560만 원의 이자가 붙으며, 원금과 합하면 1억 1,760만 원이라는 훌륭한 자산이 됩니다. 공적 연금의 부족분을 20세부터 60세까지 40년 동안 복리 3%로 모을 경우 총 9,660만 원, 이자를 합하면 약 1억 8,390만 원이 되지요. '금리, 복리, 시간'을 내 편으로 만들어 목표한 기간별로 분산시켜두면 긴 노후 생활을 맞이하는 시기에 '쓸 수 있는 돈'이 크게 달라집니다.

'애들 용돈이 얼마나 된다고 요란을 떠느냐'고 생각할지도 모릅니다. 실제로 이 지식 자체는 스무 살이 될 무렵에 알게 되어도 늦지 않지요. 하지만 나이가 어리면 이해가 빠르고, 어려서부터 경험을 쌓으면 자연히 좋은 상품을 고르는 눈도 생깁니다. 한편 아무것도 하지 않고 저금만 했을 경우, 노후에 퇴직금이나 연금에 의지해 절약하며 버티는 사람도 있겠지만, 개중에는 제로 금리에 인플레이션 리스크가 겹쳐 당장 쓸 돈이 없어 당황하게 되는 사람도 있을 겁니다. 미래는 보장되어 있지 않기 때문에 노후를 위한 자금을 남길 수 있도록 어린 시절부터 자연스럽게 돈에 관한 지식을 배워두는 것이 중요합니다.

무조건 절약하고 살다가 후회한다

●

돈을 아끼는 것은 의미 있는 일이지만 그렇다고 해서 쓰지 않는 것만이 정답은 아닙니다. 돈은 물건이나 서비스와 교환할 때 즉, 사용할 때 비로소 의미가 생깁니다. 물론 낭비해서는 안 되겠지만 그것을 지나치게 경계한 나머지 자녀에게 "절약해!"라는 말만 하고 있지는 않나요? 절약하라고 말하면 아이는 돈을 쓰지 말라는 뜻으로 이해합니다. 즉 '돈을 쓴다 = 나쁜 일'이라는 생각이 박히는 것이지요. 그런데 생활을 윤택하게 하는 취미 생활이나 오락에도 돈은 듭니다. 취미에 돈을 투자하는 일이 나쁜 걸까요? 물론 아닙니다.

==== 동양과 서양의 돈 교육 차이 ====

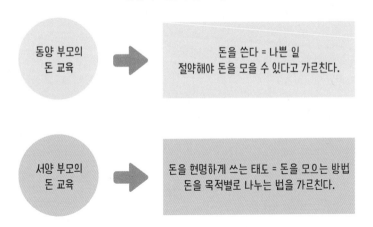

서양에서는 돈 교육을 할 때 '절약'을 논하기보다는 돈을 '나누는 방법'과 '사용하는 방법'을 가르칩니다. 저금통을 여러 개 마련하거나 자기 명의의 통장을 만든 다음, '매달 자유롭게 쓸 수 있는 돈은 여기

까지'라고 정하는 걸 배우는 것이지요. 돈을 목적별로 나눠서 관리함으로써 '절약'이라는 단어를 듣지 않아도 '이번 달은 ○○원까지는 쓸 수 있다'고 계산할 수 있게 됩니다.

노후에 대한 불안이 증가하는 요즘, 젊은이들 가운데는 자신의 즐거움은 뒷전으로 미뤄두고 저금부터 하는 사람이 많습니다. 절약하면 돈은 분명히 모이겠지만, 모이기만 할 뿐 취미나 여행을 즐기지 못하고 노후를 맞이하면 후회하지 않을까요? 하지만 후회해봤자 시간을 되돌릴 수는 없습니다. 죽고 나서 무덤까지 돈을 들고 갈 수는 없으니까요.

💰 돈을 균형 있게 다루는 자세

어려서부터 돈 교육을 받으며 자란 아이는 아래 세 가지 키워드의 균형을 잘 잡으며 돈을 관리할 줄 압니다.

돈을 사용한다 · 돈을 모은다 · 돈을 지킨다

좋은 주식을 알아보는 안목이 없다

●

투자의 중요성을 전달하면서도 "주식이 좋다고 하니까 일단 사자" 하면서 무작정 투자를 하는 사람이 있을까 봐 염려스럽습니다. 유명해서, 혹은 자기 회사라는 이유로 주식을 구입했다가 주가가 폭락하는 바람에 주식이 휴지 조각만큼 가치가 떨어져 고민이라는 상담을 받은 적이 있습니다. 예전에 일본 항공이 도요타 자동차와 함께 확실한 주식이던 시절이 있었습니다. 하지만 1985년 일항기(JAL123편) 추락 사고를 시작으로 1987년에 민영화, 2002년에 상장, 2010년에 상장 폐지, 2012년에 다시 상장이라는 파란만장한 과정을 거치며 주가도 큰 폭으로 요동쳤습니다. 이처럼 지금은 안정적인 대형 주식이라고 불리고 있어도 어떤 일을 계기로 폭락할지 알 수 없습니다.

투자에 절대적인 것은 없어서 기초 지식을 얻은 뒤에도 각 기업의 시가 총액, 차트와 운용 관련 방침 등 확인해야 할 여러 가지 포인트가 있습니다. 물론 그것들을 알려면 상당한 시간과 품이 듭니다. 사회에 나간 뒤에 배우려고 하면 일이나 가정과 양립하느라 고생하게 될지도 모릅니다. 그렇기 때문에 어려서 기초를 다져놓는 게 중요합니다.

투자는 장기적인 안목으로 보아야 한다는 이야기를 앞에서도 했는데, 시간의 메리트는 배움에 있어서도 마찬가지입니다. 어려서부터 조금씩 금융 지식을 쌓아나가면 어른이 되었을 때 벼락치기 공부를 하듯 허둥대지 않고 자연스럽게 자산 운용을 할 수 있게 됩니다.

비싼 보험에 잔뜩 가입해서 노후 자금이 없다

●

보험에 가입할 때는 '몇 세까지 납입해야 하는가'와 '만기금이나 납입이 끝난 뒤 해약 반환금의 추이'가 중요합니다. 10년 뒤를 위한 것인지 아니면 60세 이후에 쓰기 위한 노후 자금인지도 생각해보아야 합니다. 또, 적립 예정 이율은 어떻게 설정되어 있는지도 꼼꼼하게 살펴보고 가입해야 합니다. 세상에는 정말 다양한 보험 상품이 있고 상품마다 각기 다른 강점과 약점이 있기 때문이죠. 돈에 관한 지식은 없지만 아는 사람이 권해서 얼떨결에 가입하던 시대는 이제 끝났습니다.

또 인터넷에 들어가면 '파이낸셜 플래너에게 편하게 상담하세요!' 등의 문구를 쉽게 찾아볼 수 있는데요, 그 플래너가 경험이 풍부한지, 아니면 일을 시작한 지 얼마 안 되어서 필사적으로 영업을 하고 있는지는 쉽게 판단할 수 없습니다. 상대의 얼굴을 볼 수 없기 때문입니다. 나의 소중한 개인 정보를 넘겨주고 돈을 맡길 사람이라는 사실을 생각하면 안이하게 고를 수 없겠지요.

플래너가 신뢰할 수 있는 사람인지를 파악하기 위해서라도 최소한의 지식은 필요합니다. 서양에서는 보통 만 13세까지 보험의 구조,

소비자 의견에 대해 배웁니다. 안타깝게도 현재 동양에는 제대로 된 커리큘럼이 없지만 이 책을 참고로 각 가정에서 돈 교육을 실시한다면 훗날 아이들이 보험을 잘못 고를 위험도 크게 줄어들 겁니다.

나에게 필요한 금융 상품을 가려내지 못한다

●

저도 한때 은행원이었기 때문에 잘 알지만 보통의 은행에서는 창구에서 금융 상품 가입을 권합니다. 그런데 그것이 과연 고객의 자산 형성을 생각해서 하는 권유일까요? 은행에서 '고객님은 가족 구성이 이러니까 이런 식으로 도움이 될 거다' 하는 식의 조언을 자주 들어봤을 겁니다. 아마 금융 상품을 권하면서 "이 상품의 특징은…" 하는 정도의 간단한 설명만 할 겁니다. 예를 들어 어떤 상품에 대해 이런 설명을 들었다고 가정해봅시다.

'특별 캠페인 3개월에 연이율 5%'

이런 말을 들으면 단순히 10만 원을 맡기면 5,000원이 늘어난다고 생각하게 됩니다. 금리 계산의 기본은 '이자(늘어나는 돈)=원금(운용하는 원래 자금)×금리(연이율)×기간(년 수)'입니다. 즉, 금리란 1년 동안 운용했을 때 받게 되는 이자를 말합니다. 기간이 1년일 때를 제외하고는 운용 기간에 맞춰서 산출해야 합니다.

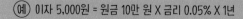

==== 금리 계산의 기본 ====

(예) 이자 5,000원 = 원금 10만 원 X 금리 0.05% X 1년

⬇

원금 X 금리 ÷ 12(개월)
10만 원을 1개월 동안 운용했을 때는 '1년=12개월'이기 때문에 12로 나눕니다.

⬇

10만 원 X 0.05% ÷ 12 X 17개월 = 416원

⬇

3개월인 경우에는 원금 X 금리 ÷ 12 X 3(개월)
10만 원 X 0.05% ÷ 12 X 3 = 1,249원

　　즉, 10만 원을 3개월만 거치했을 경우 금리로 늘어나는 금액은 1,249원입니다. 이렇게 식으로 써보면 간단한 속임수이지만 창구에서 까다로운 전문용어를 섞어가면서 설명하면 알아차리기 어렵습니다.

　　그렇다고 창구 직원이 당신을 속이려고 하는 건 아닙니다. 단순히 당신의 잔고와 어느 정도의 자산이 있는지를 파악한 뒤, 매뉴얼에 따라 '상품'을 설명하고 있을 뿐이지요. 은행도 기업이기 때문에 자사의

이익을 추구하는 것이 당연합니다. 여기서 은행이나 창구 직원을 원망해봤자 아무 소용이 없습니다.

　돈에 관한 지식을 얻어가는 과정에서는 금리에 대해 이해하는 것이 매우 중요합니다. 이것이 자산의 증가율과 직결되니 말입니다. 어려서부터 이율을 의식하는 습관이 배어 있으면 이런 상품에 유혹당하는 일도 없어질 겁니다.

영국과 미국의
돈 교육

초3부터 시작하는 영국식 돈 교육

●

영국에서는 금융 능력, 금융 실행력, 금융 책임 능력의 향상을 목표로 초등학교 3학년 때부터 다양한 금융 지식을 가르칩니다. 여기에 더해 돈 관리, 예산에 맞춰 지출 계획을 세우는 방법, 리스크와 리턴, 신용 카드의 체계 등 다방면에 걸쳐 교육합니다.

반면 한국과 일본에서는 "스무 살 때는 노후에 대한 생각이 없는 게 당연하지" "서른 살이면 아직 젊으니까 은퇴 후를 이야기하기에는 너무 이르지 않느냐"는 분위기가 지배적입니다. 그런데 영국에서는 초등학교 3학년 수업에서 이미 '주택 마련 대출'이나 '노후 자금'에 대해 배웁니다. 그러다 보니 어릴 때부터 자연스럽게 노후 준비를 하거나 예방책을 고안하고, 더 나아가서는 부모님과 돈 이야기를 터놓고 할 수 있게 되지요. 가족 안에 장래를 함께 설계하는 분위기가 조성되는 것은 바람직한 일입니다.

미국에서는 주에 따라 차이는 있지만 기본적으로 예금, 신용 능력, 저축과 투자를 철저하게 배울 수 있는 환경이 마련되어 있습니다. 위스콘신 주에서는 '퍼스널 파이낸스(Personal finance) 수업'이 고등학교 필수 수업으로 지정되어 있습니다. 이 수업에서는 '주택 임대·토지 임대차 계약서 보는 법' '투자와 학생 대출 변제 방법' 등을 배웁니다. 게임 방식으로 학습하는 등 즐기면서 적극적으로 금융 지식을 습득할 수 있는 환경이 갖추어져 있지요. 한편 2014년 4월 일본 증권업 협회가 금융 경제에 대해 실시한 조사에 따르면 '경제의 기본적인 구조'를 다루는 일본 중학교, 고등학교는 절반을 넘어섰지만 '신용 카드, 대출, 증권, 보험 약관과 보장 내용'에 대해서 가르치는 학교는 30%에 불과하다는 결과가 나왔습니다.

우리는 언젠가 큰 병을 앓게 될 수도 있고, 코로나바이러스처럼 눈에 보이지 않는 바이러스가 가족 가운데 누군가를 덮칠지도 모릅니다. 그렇기 때문에 다양한 상황에 대비하기 위해 어려서부터 돈에 관한 교육을 받을 수 있는 환경을 조성해야 합니다.

금융 지식을 넘어 금융 행동을 키워라

●

'금융 리터러시(Literacy, 글을 읽고 쓸 줄 아는 능력)'라는 용어를 아시나
요? 요즘 글을 읽고 이해하는 능력인 '문해력'이라는 단어가 자주 언
급되고 있는데요. 이러한 맥락으로 금융 리터러시란 다양한 금융 상
식을 이해하고 더 나아가 자신의 재정 계획 설계까지 해내는 능력을
의미합니다. OECD(경제 협력 개발 기구)에서는 이 금융 역량을 구성하
는 네 가지 요소로 '평상시의 재산 관리, 파이낸셜 플래닝, 적절한 금
융 상품 선택, 금융 지식 이해'를 들고 있습니다. 즉, 금융 리터러시를
가질 뿐 아니라 한발 더 나아가 실천하는 일이 금융 역량으로 이어진
다고 보고 있는 것이지요.

미국에서는 가계 관리가 적절하지 않았던 탓에 발생한 리먼 사태
(2008년 미국의 투자은행 리먼 브라더스의 파산으로 시작된 글로벌 금융 위기)로
경제에 심각한 타격을 입은 적이 있습니다. 미국은 이 경험을 바탕으
로 가계 건전성의 중요성을 알게 되었고, 가계 건전성을 유지하기 위
한 금융 역량의 중요성이 주목을 받고 있습니다. 또 영국에서는 금융
역량이 모든 국민에게 필요한 기술이며 금융에 관한 의사 결정의 파

==== OECD에서 발표한 금융 역량을 구성하는 키워드 ====

평상시의 재난 관리

파이낸셜 플래닝

적절한 금융 상품 선택

금융 지식 이해

장이 개인뿐 아니라 가족에게까지 영향을 미치기 때문에 사회적 책임감을 가져야 한다는 사실을 자각하도록 촉구합니다.

금융 지식도 중요하지만 그것을 어떻게 활용해서 금융 행동으로 이어갈 것인지를 생각하고, 금융 행동에 어떤 사회적 책임이 따르는지를 아이에게 이해하기 쉽게 설명해주어야 합니다.

영국식 연령별 돈 교육

이제 영국을 예로 들어 서양에서 하고 있는 금융 교육 내용을 구체적으로 소개하겠습니다. 영국의 금융 교육은 아래와 같이 네 가지 키워드로 구성되어 있어요. 그리고 이를 바탕으로 연령별 돈 교육 플랜을 실시하고 있습니다. 어린이집, 유치원 시기에는 돈을 모으고 관리하는 원리를 간단하게 알려주었다가, 아이의 연령이 점점 올라가면 구체적인 금융 행동으로 나아갈 수 있게끔 지도하는 식입니다.

==== 영국 금융 교육의 주요 키워드 ====

| 돈 관리 방법 알려주기 | 비판적 사고를 하는 소비자 되기 | 리스크 관리와 감정 관리법 | 금융이 사람들의 생활에 미치는 영향 |

==== 영국식 연령별 돈 교육 플랜 ====

만 3세~5세	동전, 지폐, 가격, 지불, 잔돈, 저금통, 저축, 판매 등을 배우는 시기
만 5세~7세	현금 자동 입출금기(ATM), 용돈, 우체국, 복권, 소비자의 욕구, 소비 등
만 7세~9세	예산, 염가, 고가, 영수증, 수익, 임금, 빚, 기부, 증여, 계좌, 가치 등
만 9세~11세	신용 카드, 체크 카드, 도박, 경비, 공제, 손실, 리스크, 리턴, 보험, 채무, 삭감, 빈곤, 커뮤니티, 건강 보험, 광고, 화폐 등

　어린이집이나 유치원에 다니는 미취학 아동 시기부터 돈에 관한 공부가 시작되고, 초등학교 고학년이 되면 '경비, 공제, 보험, 채무'라는 항목까지 추가된다는 사실을 알 수 있습니다. 지금 여러분의 가정에서는 이런 돈 교육을 하고 있나요? 저는 돈과 관련된 상담을 받으러 오는 고객들에게 "어린 시절에 이런 돈 교육을 받았더라면 얼마나 좋았을까요?"라는 말을 자주 듣고는 합니다.

영국은 유럽에서도 가장 빨리 금융 빅뱅을 실시하면서 금융 자유화를 선도했던 나라입니다. 그래서 금융 교육을 할 토양도 충분합니다. 현재는 교재 제작, 교사를 양성하는 대학 수업, 그리고 구체적인 교육 내용을 전국에 침투시키는 기관도 많아서 남은 과제를 착착 수행해나가고 있다는 인상을 받게 됩니다.

어린 시절에 문득 '왜 공부를 해야 되지?' 하는 의문이 생겼던 사람이 많을 겁니다. 물론 수학이나 국어, 사회, 과학 등의 과목도 중요하고 장래에 도움이 됩니다. 그런데 돈에 관한 지식은 더 직접적으로 우리 인생에 관여하고, 용돈이나 심부름 등을 통해 어려서부터 활용할 수 있는 지혜이기도 합니다. 지금 바로 도움이 될 뿐 아니라 인생이 끝날 때까지 계속 마주하게 되는 것이 돈입니다. 돈에 관한 교육이야말로 아이에게 가장 중요한 교양이 아닐까요?

영국의 주니어 ISA란?

●

영국의 '주니어 ISA (Individual Savings Account)'는 어린이의 장래를 위한 자산 형성을 목적으로 하는 제도입니다. 원래 있었던 '차일드 트러스트 펀드(CTF)'를 대신해 도입되었습니다. CTF는 영국 정부가 아이들이 어릴 때부터 투자 개념을 교육시키기 위해 2002년부터 도입한 제도로서, 영국 어린이들은 만 10세가 되면 이 펀드에 의무적으로 가입해야 했지요. ISA와 CTF는 모두 '어린이 명의의 투자·저축 제도'이며 CTF에는 정부의 지원금이 있었는데, 재정상의 문제로 2011년에 폐지되었습니다. 이를 대신해 도입된 주니어 ISA는 철저하게 보호자의 자금으로 자산을 형성하도록 되어 있습니다.

　이는 일본의 'NISA(Nippon Individual Saving Account, 일본 소액 투자 비과세 제도)'의 모델이 된 제도인데, 몇 가지 명백한 차이가 있습니다. NISA는 영국의 ISA에 비해 대상 상품이 적고, 상장 주식, 공모 주식 투자 신탁, 상장 지수 펀드(ETF), 부동산 투자 신탁(REIT), 전환 사채(CB)가 그 대상입니다. 한편 영국의 ISA에는 주식형 ISA와 예금형 ISA가 있는데요. 주식형 ISA에는 주식, 공사채, 투자 신탁, 보험 등이 포함되어 있으며 예금형 ISA에는 예금, MMF(Money Market Funds, 투자 신탁 회사가 고객의 돈을 이용해 단기 금융 상품에 투자하여 수익을 얻는 초단기 금융 상품) 등이 포함되어 있습니다. 특히 영국에서는 예금형이 인기입니다. 또 ISA의 특징 가운데 하나는 운용 기한이 없다는 것입니다. 이에 반해 NISA는 겨우 5년밖에 안 되는 단기 제도이기 때문에 ISA에 비하면 아무래도 손해가 나기 쉬운 시스템이라고 할 수 있습니다.

　ISA 계좌를 개설할 수 있는 사람은 만 18세 미만의 영국 거주자로 되어 있는데, 이 조건만 충족되면 국적은 상관없기 때문에 이용자가 많습니다. 영국 국내에서는 200조 원이나 되는 자금이 움직이고 있다고 합니다. 대부분은 부모나 조부모가 자녀나 손주의 미래 자산을 형성하기 위해서 이용하고 있는데, 주식형은 배당, 양도 차익, 이자 등이 비과세입니다. 예금형도 안전성이 높은 국채 등에서 발생하는 이자가 비과세로 처리되고 있습니다. 만 18세가 될 때까지 자금을 출금할 수 없지만, 만 16세가 되면 아이가 스스로 운용할 수도 있습니다. 단순하게 비교하기는 어렵겠지만 이 정도면 일본의 NISA보다 훌륭한 시스템이라고 할 수 있습니다(참고문헌 : 금융청 「안정적인 자산 형성을 위한 방안(금융·세제·금융 리터러시 관련)」, 영국 국세청 자료).

 주니어 ISA 특징 다시 짚어보기

1. 어린이 명의의 투자 저축 제도
2. 자녀의 장래를 위한 자산 형성을 목적으로 하며, 보호자의 자금으로 자산을 형성하는 것이 원칙이다.
3. 운용 기한이 정해져 있지 않다.
4. 국적 상관없이 18세 미만의 영국 거주자만 가입할 수 있어 인기가 많다.
5. 만 18세까지 자금을 출금할 수 없다.
6. 만 16세에는 아이 스스로 운용할 수 있다.
7. 종류 :
   – 주식형 ISA : 주식, 공사채, 투자 신탁, 보험 등 포함
   – 예금형 ISA : 예금, MMF 등 포함

온라인 게임을 활용한 미국식 돈 교육

●

미국에서는 돈 교육을 할 때 게임을 즐기듯 재미있게 시작합니다. 전 세계 2만여 개의 금융 기관이 모여서 만든 글로벌 회사 비자(Visa Inc.)에서는 'Practical Money Skills'라는 무료 온라인 게임을 제공하고 있는데요. 홈페이지에 들어가서 아이들이 축구 게임을 하거나 퀴즈를 맞히면서 돈에 대해 배울 수 있습니다. 그 외에도 다양한 기업이 주식 투자 시뮬레이션 게임을 제공하는데 이를 통해 아이가 돈의 흐름에 익숙해지게 할 뿐 아니라 돈에 대한 이해도를 높일 수 있는 토대를 자연스럽게 마련할 수 있습니다. 이렇게 잘 정비된 환경을 보면 과연 '투자 신탁의 나라' 미국답다는 생각이 듭니다. 이런 돈 교육이 활성화된 환경에서 자란 아이들과 일반 교육만 받고 자란 아이들은 어른이 되면 뚜렷한 차이를 보일 것입니다.

만약 아이가 게임에 빠져 있다면 자산 운용 게임을 가르쳐줄 절호의 기회입니다. 자산 운용이라는 새로운 세계가 펼쳐질 뿐 아니라 경제에 흥미를 가지는 계기가 되어줄 겁니다. 몇 가지 추천할 만한 게임을 소개할 테니 관심이 있는 분은 꼭 아이와 함께 도전해보시기 바랍니다.

자산 운용을 배울 수 있는 어린이 경제 교육 홈페이지

1. 한국은행 어린이 경제 교육
초등학생들이 게임을 즐기듯 세금이나 돈에 관해 공부할 수 있는 사이트(www.bok.or.kr).

2. 기획재정부 어린이 경제 교실
애니메이션과 주사위 놀이 등 아이들이 보기 편하게 제작되어 있어 경제 교육 초보 부모와 아이들에게 딱 맞는 사이트입니다(kids.moef.go.kr).

3. Practical Money Skills
미국 비자사에서 무료로 제공하는 온라인 게임. 영문판이지만 현금 퍼즐, 축구 게임 등 직관적이고 쉬운 활동이 많아서 미취학 아이들도 쉽게 접근할 수 있습니다(www.practicalmoneyskills.com).

영국 금융 교육의 네 가지 키워드

1. 돈 관리 방법

① 화폐의 종류별 사용 방법

② 돈의 가치와 이용할 때의 주의점, 돈 기록의 중요성

③ 현금 외의 지불 방식, 간단한 돈 기록과 예산

④ 신용과 부채, 공적인 기록 시스템, 간단한 가계 관리, 외화 통화

2. 비판적 사고를 하는 소비자 되기

① 상품 선택과 지불

② 돈의 쓰임새 선택(내가 필요한 것과 갖고 싶은 것을 구분)

③ 사람들의 소비와 저축, 선택의 영향력을 알고 돈의 가치를 배우기

④ 타인이나 미디어의 영향, 돈의 가치에 알맞은 정보 활용, 비용·가격·이익

   의 차이 따져보기

3. 리스크 관리와 감정

① 돈의 안전 유지하기, 돈에 관한 정보

② 돈을 잃어버리거나 도둑맞았을 때 저축의 효과 깨닫기

③ 예금계좌, 자금 대차

④ 인터넷 사기 대책, 신용 · 채무 · 차입 · 저축의 차이, 보험에 의한 보장

4. 금융이 사람들의 생활에 미치는 영향

① 돈을 어디에서 얻을 것인가

② 일과 직업, 기부의 역할

③ 학습과 일 · 장래의 경제적 풍요의 관계, 글로벌한 커뮤니티

– 참고문헌 「해외의 소비자 교육 영국·프랑스·국제기관」,
일본 공익 재단법인 소비자 교육 지원 센터, 2014

제2장

이론편
: 금융머리를 만드는 기초 상식

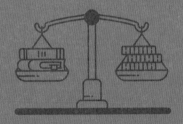

돈의 가치
알려주기

돈보다 '돈의 목적'이 중요하다

●

누구나 '돈이 중요하다'는 생각은 하지만 돈의 본질을 이해하는 사람은 많지 않은 것 같습니다. 무인도에서는 아무리 많은 돈을 가지고 있어도 소용이 없지요. 내가 원하는 물건과 돈을 교환해줄 상대가 없기 때문입니다. 돈이란 교환할 수 있는 가치가 존재할 때 비로소 존재감을 발휘할 수 있게 됩니다.

애초에 돈이 탄생하게 된 배경은 무엇일까요? 돈이 존재하지 않던 시대에는 다른 사람이 소유하고 있는 물건 중에 원하는 물건이 있으면 자신이 가진 물건과 교환하는 것이 유일한 방법이었습니다. 이른바 물물 교환입니다. 그런데 부피가 큰 물건은 운반이 힘들었고, 시간이 지나면 썩거나 변하는 것 역시 교환이 어려웠습니다.

사람들은 언젠가부터 물물 교환에 불편을 느끼게 되었고, 한동안 물건 대신 아름다운 조개껍질, 돌, 천, 소금을 이용하다가 금화, 은화, 동화를 만들었다고 합니다(일반적으로 2,700년 전에 그리스에서 만들어진 것이 세계 최초의 돈이라고 알려져 있는데, 그 밖에도 여러 가지 가설이 있습니다). 이처럼 돈은 '물건의 가치에 대한 대용품'으로서 탄생했습니다.

그런데 언제부턴가 돈 자체에 가치가 있는 것처럼 생각하는 사람이 늘어났고, 이제는 '돈이 많으면 그만이다'라고 생각하는 사람도 적지 않습니다. 물론 돈은 중요하고, 돈이 우리 생활을 풍요롭게 해주는 것도 사실입니다. 하지만 돈은 본래 물건과 교환하기 위한 도구로써 발명되었습니다. 무언가와 교환했을 때 즉, 사용했을 때 비로소 의미가 생기는 도구인 것이지요.

자기 자신이나 곤경에 빠진 누군가를 위해 사용하겠다는 목적이 있어야 돈은 그 가치를 발휘할 수 있습니다. 이 대전제를 자녀에게도 꼭 알려주시기 바랍니다. 그래야 돈을 더욱 유용하게 사용해야겠다는 생각을 하게 되고, 때로는 어떤 인생의 목표를 세울 수 있을 테니까요.

반대로 돈은 사용하는 사람의 성격에 따라 가치가 변한다고도 말할 수 있습니다. 돈은 좋든 싫든 힘을 가지고 있기 때문에 '얼마나 가지고 있느냐'보다 '어떻게 사용하느냐'가 중요합니다. 아이가 돈에 휘둘리는 일이 없도록 반드시 돈 교육을 하시기 바랍니다.

인플레란? : 돈의 가치는 변한다

●

인플레는 '인플레이션(Inflation)'의 약자로 물건 가격이 계속해서 올라가는 상태를 뜻합니다. 달리 말하자면 '돈의 가치가 떨어지는 것'이라고 할 수 있습니다. 예를 들어 1,000원이면 살 수 있었던 음료수가 2배인 2,000원이 되었다고 해봅시다. 같은 물건을 사는 데 2배의 돈이 필요해졌으니 돈의 가치는 2분의 1로 떨어졌다고 할 수 있습니다.

평소에 사는 식품이나 생필품 등 일상생활에 필요한 물건의 가격(물가)이 올라가고, 수입(월급)도 늘어서 전체적인 물가가 상승하는 것은 좋은 인플레이지만, 물건 가격은 상승하는데 수입은 늘지 않는 것은 가계를 압박하고 여러 가지 악순환을 일으키는 나쁜 인플레입니다.

돈의 가치 변화에 대한 예로 1964년 일본에서 도쿄 올림픽을 앞두고 도쿄 타워가 완공되었을 무렵의 상황을 들 수 있습니다. 이 당시 대졸 사원의 평균 급여는 한화로 약 21만 2,000원이었습니다. 현재는 평균 약 212만 원입니다. 당시 국유 철도는 기본요금이 100원이었는데 현재 JR(당시의 일본 국유 철도)의 기본 요금은 1,400원(IC카드 이용 시 1,360원)입니다. 어떤가요? 최근 50년 사이에 돈의 가치가 이렇게 많이 변했습니다. 당시에는 21만 2,000원이 있으면 한 달 동안 생활할 수 있었지만, 지금은 생활이 불가능합니다.

2019년에 전 세계를 덮친 코로나바이러스를 예로 들자면 외출 자제로 온갖 물건의 수요가 크게 떨어지는 바람에 심각한 불황에 빠졌습니다. 수요 감소는 물가 하락의 원인이 되기 때문에 통상적으로는 디플레이션(Deflation)이 되어야 합니다. 그런데 마스크가 갑자기 필요해졌고 너나없이 구입할 뿐 아니라 사재기까지 생기는 바람에 편의점과 약국, 마트에는 '마스크 재고 없음'이라는 종이가 붙고, 가게 앞에 내놓는 순간 모두 팔려나갔습니다. 마스크 품귀 현상이 이어졌지요.

그 결과 어떻게 되었을까요? 불과 50장에 1만 5,000원 정도면 살 수 있었던 마스크가 코로나 발생 직후 그 2배가 넘는 가격으로 껑충 뛰어버렸습니다. 급격한 가격 상승이지만 그래도 없어서 못 살 정도로 잘 팔렸습니다. 그런데 당시에 수입(월급)도 늘었냐 하면, 전혀 그렇지 않았습니다. 사람들은 식료품을 쟁여놓아야 할지도 모른다는 불안감이 생겼고, 한때 가게의 식품 코너에도 품귀 현상이 일어났습니다.

'이런 이상한 사태는 거의 일어나지 않는 아주 특수한 경우다'라고 생각할지도 모릅니다. 하지만 저는 이 광경을 본 순간 1970년대에 있었던 '오일 쇼크(Oil shock, 아랍 석유 수출국 기구와 석유 수출국 기구가 원유의 가격을 인상하고 생산을 제한하여 야기된 세계 각국의 경제적인 혼란)'가 떠올랐습니다. 당시에 마침 일본에서 지내고 있던 저는 "두루마리 화장지를 사야 하는데 마트에서 줄 좀 서줄래?"라는 할머니의 부탁으로 집 근처 마트에 심부름을 하러 간 적도 있지요. 마트에는 물건이 거의 없었고, 에너지를 절약하려는 건지 어둑어둑하게만 켜놓은 전등 아래로 두루마리 화장지를 사기 위해 줄을 선 사람들의 행렬이 이어졌습니다. 그건 그야말로 '하이퍼인플레이션(Hyperinflation)'이었습니다. 당시 일본은 27% 이상의 인플레이션율을 기록했지요.

이런 경험을 생각한다면 수입이 올라가지 않고 물건 가격만 올라가고 있는 현재, 우리는 정신을 똑바로 차리고 앞으로 무슨 일이 일어날지를 생각하고 대비해야 합니다. 인플레이션율이 2%일 때 1만 원을 20년 동안 제로 금리로 넣어두면, 돈의 가치가 떨어져서 6,730원이 되고 맙니다.

가령 현재 30세인 어떤 사람이 장래를 위해 3억 원을 모으려 한다고 해봅시다. 이때 30년 후의 3억 원이 '지금의 3억 원'과 같은 가치가 있다고 생각하는 것은 디플레이션적인 발상입니다. 30년 뒤에 '지금의 3억 원'과 같은 가치의 돈을 준비하려면 인플레이션율이 연 2%라고 가정했을 때 5억 4,330만 원이 필요합니다. 인플레 상황에서 돈을 모으려고 하면 저축할 금액을 거듭 수정해야 합니다.

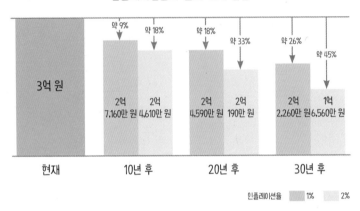

==== 인플레이션율과 돈의 가치 변천 ====

약9% 약18%   약18%   약26%
            약33%   약45%

3억 원

2억   2억   2억   2억   2억   1억
7,160만 원 4,610만 원 4,590만 원 190만 원   2,260만 원 6,560만 원

현재   10년 후   20년 후   30년 후

인플레이션율 ▨ 1%   ▨ 2%

그렇다면 어떤 대책이 유용할까요? 바로 돈(화폐)을 '가치 있는 다른 것'으로 바꾸어두는 전략입니다. 주로 세 가지 후보가 거론됩니다.

첫 번째는 '외화'입니다. 인플레가 되면 엔화 약세가 일어날 가능성이 높기 때문에 엔화를 달러화 등의 외화로 미리 바꿔두는 것이지요. 그리고 엔화 약세가 시작되면 이번에는 외화를 엔화로 바꾸면 더 많은 엔화를 얻을 수 있습니다.

두 번째는 '주식'입니다. 기업 활동이 활발해지면 주가가 상승합니다. 또, 그 나라의 화폐 가치가 떨어졌을 때도 해외에서 보면 그만큼 주식을 싸게 살 수 있기 때문에 사려는 사람이 늘어나서 결과적으로 주가는 올라가 자산 감소를 막아줍니다.

　세 번째는 '금, 백금 등의 귀금속'입니다. 귀금속은 가격이 떨어질 가능성이 낮은 데다가 세계 어디에서나 돈으로 바꿀 수 있습니다. '인플레이션=물가 상승=돈의 가치가 떨어지는 일'이 일어나도 끄떡없도록 미리 대책을 세워놓아야 합니다.

경제 자립의 필수 조건, 주식과 채권

주식의 장단점 알려주기

●

　회사가 자금을 모으는 방법 가운데 하나로 '주식 발행'이 있습니다. 회사는 출자자에게서 돈을 모으고, 투자해준 금액에 상응하는 분량의 주식을 나눠 줍니다. 주식을 산(자금을 제공한) 개인 혹은 조직은 '주주'라고 불리며 그 회사의 출자자(Owner)가 됩니다. 주주는 회사에 자금을 대는 대가로 주식을 구입했다는 사실을 증명해주는 주권뿐 아니라 주주 총회에 참가해 의사 결정을 할 권리(의결권)와 배당금, 주주 우대를 받을 권리를 얻을 수 있습니다. 주주가 얻는 이점과 단점을 정리하자면 다음과 같습니다.

==== 주주가 얻는 이점과 단점 ====

이점	단점
• 구입한 주식의 가격이 올라가는 경우가 있다. • 배당금이나 주주 우대 등을 받을 수 있다. • 주주 총회에 참가할 권리가 있다. • 응원하고 싶은 회사의 주주가 될 수 있다.	• 구입한 주식의 가격이 떨어지는 경우가 있다. • 시세 등 상황에 따라서는 매매가 불가능하다. • 해외 주식 등은 매각할 때 환율 상황에 따라 환차손이 발생한다. • 세금과 수수료가 든다.

세계에서 가장 존경받는 투자자인 워런 버핏이 처음으로 주식을 구입한 것은 만 11세 때였다고 합니다. 어떤 경제 조사에 따르면 미국인의 60%는 투자 목적으로 주식이나 부동산을 매매한 경험이 있는 것으로 밝혀졌고, '주식을 보유하는 일에 자부심을 느낀다'고 답한 사람도 있습니다.

초등학생 시절 미국에 살았던 저는 미국의 학교 수업이 독특하다고 느꼈습니다. 학교마다 다르기는 하지만 제가 들었던 수업에서는 아이들에게 미국의 유명 기업을 할당하고, 해당 회사가 TV나 신문, 텔레비전 뉴스에서 거론되면 '그 뉴스가 세상에 어떤 영향을 줄까?'를 생각해 발표하거나 토론했습니다. 또 신문이나 자료 등을 보고 아이들끼리 토론을 하거나 자기 나름대로 투자 시뮬레이션을 해보고 발표를 한 기억도 있습니다. 이런 식으로 학교에서 회사나 주식 투자에 대한 기초 지식을 가르치고, 아이들의 흥미를 유발하고 있었던 것이지요.

이에 반해 일본에서 들었던 수업은 선생님이 교단에 서고, 교과서나 칠판을 사용하면서 일방적으로 지식을 주입하는 느낌이었습니다. 물론 미국인이나 영국인 가운데도 주식이나 투자에 흥미가 없는 사람도 있습니다. 『부자 아빠 가난한 아빠』에서 저자 로버트 기요사키의 아버지는 '돈을 버는 것은 부정한 일'이라고 생각하고 노동 외의 수단으로 돈을 손에 넣는 것을 꺼리는 인물로 묘사되어 있습니다. 어쩌면 일본에는 서구에 비해 그런 사고방식을 가진 아버지가 많았던 것뿐인지도 모릅니다.

그렇지만 대부분의 부자들은 주식을 보유하고 있지요. 이는 많은 미국인이 돈에 대한 통찰력을 가지고 있을 뿐 아니라 주식을 보유하는 일의 메리트를 이해하고 있기에 가능한 투자일 겁니다. 앞서 1장에서 언급했듯이 영국에서는 의무 교육을 받는 나이에 경제·금융·투자 지식을 배우고 자기 금융 문제를 관리하는 능력을 키웁니다. 경제적 자유를 통해 인생의 선택지를 늘리는 방법을 어려서부터 가르치고 있는 것입니다.

채권의 종류와 특징

●

주식보다 리스크가 낮은 금융 상품으로 '채권'이 있습니다. 채권이란 국가, 지방 공공 단체, 회사 등이 투자자에게 돈을 빌릴 때 발행하는 유가 증권입니다. 기업에 돈을 '투자하는' 것이 주식이라면 채권은 기업이나 단체, 국가에 돈을 '빌려주는' 것이라고 할 수 있습니다. 주식보다 가격의 유동성이 적고, 채무 불이행(Default, 디폴트)이 일어나지 않는 한, 만기 시에 원금 전액 변제가 보장된다는 특징이 있습니다.

==== 주식과 채권의 차이점 ====

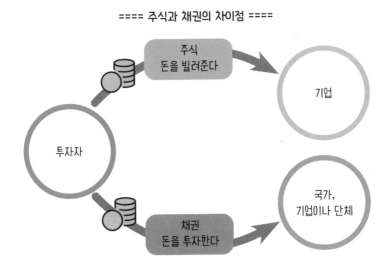

국가에서 발행하는 것을 '국채', 기업에서 발행하는 것을 '회사채' 라고 부르며 두 가지 모두 예금보다 금리가 높게 설정되어 있습니다. 주식과 마찬가지로 채권도 가격이 변동되지만 정기예금처럼 기간과 금리가 정해져 있습니다. 즉 "빌려주면 ○년 후에 갚겠습니다. 갚을 때는 얼마의 금리를 얹어서 갚을게요" 하고 미리 정하는 것이지요. 정기예금과 달리 이 기간 안에 자신의 채권을 다른 사람에게 팔거나 반대로 다른 사람에게서 사들일 수도 있습니다.

원금 손실의 리스크를 줄이려면 개인용 국채를 추천합니다. 발행하고 1년이 경과하면 매각하거나 환금할 수 있고, 중간에 해약해도 원금 손실이 없습니다.

 **원금 손실의 리스크를 줄이는 방법**

개인용 국채	• 발행 후 1년이 경과하면 매각하거나 환금할 수 있다. • 중간에 해약해도 원금 손실이 없다.

운용과 투자의
기본

운용의 기초 : 복리와 단리의 차이 이해하기

●

복리식은 투자 신탁, 주식 투자, 변액 보험, 외화 보험 등으로 이루어져 있으며 운용하는 원금에 매년 늘어난 이자를 더한 금액에 대해 이자가 붙는 시스템입니다. 운영하는 원금이 매년 커지기 때문에 이자액도 이와 비례해 매년 커집니다. 저는 이를 '눈사람 방식'이라고 부릅니다. 눈사람을 눈 위에서 데굴데굴 굴리면 굴릴 때마다 커지는 것처럼 점점 불어나는 것이 복리의 형태입니다.

이에 반해 단리는 눈사람을 굴리는 것이 아니라 지면에 떨어진 눈을 손으로 집어 올려 눈사람에 착착 붙여가는 것이라고 보아야 할 것 같습니다. 반년에 한 번 붙는 몇 푼 안 되는 이자 역시 단리입니다. 1,000만 원에 5%의 '단리' 이자가 붙을 경우, 50년 후에는 약 3,500만 원이 됩니다. 만약 '복리'라면 약 1억 1,000만 원이 되겠지요. 단리식은 운영하고 있는 원금에 대해서만 매년 동일한 금액의 이자가 붙습니다. 원금의 금액은 영원히 달라지지 않습니다.

자산이 2배가 되는 '72의 법칙'

●

복리로 운영하는 자산이 2배가 될 때까지 필요한 대략적인 기간(연수)을 계산하는 방법을 '72의 법칙'이라고 부릅니다.

==== 복리로 자산이 2배가 되는 기간을 계산하는 '72의 법칙' ====

72 ÷ 금리 = 돈이 2배가 되는 기간(년)		
금리 1%	72÷1=72	약 72년 소요
금리 3%	72÷3=24	약 24년 소요
금리 6%	72÷6=12	약 12년 소요

참고로 버블기(1980년대 후반~1990년대 전반)에는 일반 예금의 이자가 2% 정도였습니다. 정기 예금의 금리가 가장 높았던 때는 1991년으로 5.0%였지요. 0.01%와 비교하면 500배나 차이가 납니다. 서양과 비교했을 때 아직까지 일본의 예금 잔고는 높다고 할 수 있습니다. 일본의 금리는 보통 예금이 평균 0.001%, 정기 예금도 2020년 4월 코로나바이러스로 인해 평균 0.002%가 되고 말았습니다. 단기간이라면 모를까 장기간에 걸쳐서 '어떤 목적을 위한 돈'을, 결코 늘지 않는 '예금'에 쏟아붓는 것은 어리석은 선택이겠지요. '돈을 복리로 움직이는 일'은 충분히 가능합니다. 소중한 돈을 잠자게 둘 것이 아니라 잘 운용해야 합니다.

==== 매월 10만 원을 복리로 불린다면? ====

기간	총액	금리				
		0.1%	3.0%	5.0%	7.0%	10.0%
10년	1,200만 원	1,200만 660원	1,416만 9,350원	1,584만 8,140원	1,774만 320원	2,103만 7,400원
20년	2,400만 원	2,400만 2,520원	3,321만 1,780원	4,166만 3,100원	5,263만 8,210원	7,560만 3,000원
30년	3,600만 원	3,600만 5,580원	5,880만 3,210원	8,371만 2,950원	1억 2,128만 7,650원	2억 1,713만 2,110원

리스크와 리턴이란? : 투자의 기본

●

투자의 세계에서 말하는 '리스크가 높다'는 말은 위험도가 높다는 뜻이 아니라 가격 변동 폭이 크다는 뜻입니다. 주식에 절대적인 것은 없어서 어떤 종목이든 리스크는 있는데 그중에서도 주가의 시세 변동이 큰 종목을 두고 '리스크가 높다'고 표현합니다. 그런데 시세 변동은 위로도 발생하고 아래로도 발생합니다. 즉, 때로는 크게 올라갈 가능성도 있다는 것이 리스크가 높은 주식의 특징입니다.

알기 쉬운 예로 신흥국(한국, 중국, 브라질, 터키, 인도, 남아프리카 등)의 주식을 들 수 있습니다. 신흥국은 경제가 선진국만큼 발전하지는 않았지만 그만큼 인건비가 낮습니다. 선진국 기업은 자국에서 물건을 만들 때보다 신흥국에서 만들 때 더 저렴한 단가로 만들 수 있는데요. 이러한 이점 때문에 선진국의 다양한 기업들이 신흥국에 진출하거나 투자를 하는 것이지요. 국내에 일자리가 늘어나면 월급을 받는 사람도 늘어나고 많은 사람의 생활이 윤택해집니다. 또, 신흥국은 대체로 젊은 층이 많다는 특징도 있어서 풍부한 노동력이 있고, 앞으로의 인구 증가를 기대할 수 있습니다. 이는 곧 성장 가능성이 있다는 뜻입니다.

한편 정치적인 안정성이 선진국에 비해 낮기 때문에 어떤 이유로든 선진국의 기업이 철수하게 되면 주가가 크게 하락하고, 전쟁이나 쿠데타가 일어날 경우 경제 성장이 주춤하는 단계를 넘어서서 마이너스 성장에 빠질 가능성도 있습니다. 단기적으로 큰 수익을 기대한다면 변동 폭이 큰 주식이 후보가 되는데, 한편으로는 엄청난 손해를 볼 가능성도 함께 증가합니다. '하이 리스크·하이 리턴(고위험·고수익, High risk High return)'이라는 말을 흔히 하는데, 리스크와 리턴은 표리일체의 관계여서 무엇이 올바른 선택인지 일률적으로 정할 수는 없습니다. 개개인의 판단이 중요하기 때문에 아이에게 하루빨리 리스크와 리턴의 관계와 의미를 제대로 가르쳐주어야 합니다.

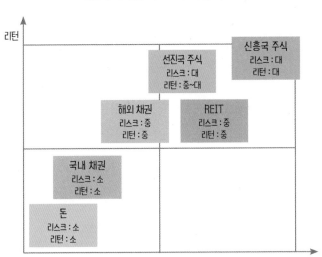

==== 자산이 가지는 리스크와 리턴 비교 ====

리스크 매니지먼트 : 어릴 때부터 소액 거래를 경험시켜라

●

코로나바이러스로 인하여 음식점과 백화점, 호텔, 관광 관련 사업을 하는 많은 가게들이 경제적인 어려움을 겪었습니다. 어떤 기업은 파산 위기에 내몰려 있고, 그 여파로 해고되는 노동자도 늘고 있습니다. 이번 위기가 해결된다 하더라도 앞으로 어떤 위기가 또다시 우리를 덮쳐올지 모릅니다. 이런 갑작스러운 사태에 어떻게 대비해야 하는지 우리 아이들도 함께 생각해봤으면 좋겠습니다.

앞에서 유소년기에 서구와 일본을 오가면서 느낀 것 가운데 하나로 '돈 교육의 차이'를 언급했는데, 이는 '리스크 매니지먼트'라는 주제에 있어서도 마찬가지입니다. 재난이라는 리스크를 어떻게 상대해야 할까요? 서양의 부모들은 아이가 만 3세쯤 되었을 때부터 이를 가르칩니다. 리스크를 말로만 가르치며 주의를 촉구하는 것이 아니라 위험을 조금 경험하게 함으로써 '아프구나' '위험하구나' 하고 스스로 깨닫게 하는 방식을 사용하는 경우가 많습니다. 그렇게 하면 나중에 큰 상처를 입지 않고 넘어갈 수 있기 때문입니다.

투자도 마찬가지입니다. 어려서부터 소액 거래를 경험시켜서 그 안에서 성공과 실패를 모두 맛보게 하면 나중에 분명 큰 재산이 될 겁니다. 기본적인 방식은 부모가 가르쳐주어야 하지만 어디에 어떤 식의 투자를 하느냐는 본인이 생각하게 해야 합니다. 어떻게 하고 싶은

지를 스스로 생각하게 하고, 그 생각에 귀기울여주는 것이 서양식 육아의 기본 방식입니다.

이 기회에 가족과 마주하고 이야기 나누는 시간을 가져보면 어떨까요? 서양에서 자산 형성에 성공한 가족은 가족과의 시간을 소중하게 생각하고 대화를 자주 나눈다는 공통점이 있습니다. 재난이 덮쳐왔을 때도 허둥대지 않고 넘길 수 있는 자산이 마련되어 있고, 가족 간의 협력 체계가 잘 구축되어 있는 것이지요.

화폐 종류
알려주기

카드 종류와 신용도의 차이

●

자녀에게 신용 카드와 현금 인출 카드의 차이를 설명할 수 있나요? 이 두 가지는 비슷해 보이면서도 크게 다릅니다. 아이가 실수로 잘못 사용했을 때 '몰랐다'고 말하면 그냥 넘어가줄 만큼 세상은 호락호락하지 않습니다. 몰랐던 사람이 잘못이라며 아이가 궁지에 몰리게 되거나 부모가 책임을 지게 될 수도 있습니다. 그렇게 되고 나서 아이나 자신을 탓하지 않으려면 미리미리 배워두어야 합니다.

현금 인출 카드는 은행 ATM기에서 현금을 인출하거나 입금 또는 이체를 할 때 사용합니다. 체크 카드 기능이 포함된 카드를 제외하고, 예전에는 기본적으로 가게나 온라인 쇼핑몰 등에서 결제할 때는 사용할 수 없었으나, 2012년부터는 한국의 일부 가맹점에서 대금 결제를 할 수 있게 되었습니다.

한편 신용 카드는 대부분이 Visa, Master, JCB 같은 국제 브랜드를 달고 있습니다. 그래서 이런 국제 브랜드 가맹 점포에서 신용 카드로 요금을 지불할 수 있고 온라인 쇼핑 등 다양한 상황에서 이용할 수 있습니다. 일반적으로는 신용 카드로 ATM기를 이용할 수는 없지만 '현금 인출 기능'이 있는 신용 카드일 경우 ATM기 이용이 가능합니다. 다만 수수료가 붙을 수 있기 때문에 주의해야 합니다.

체크 카드는 쇼핑을 할 때 사용할 수 있는데, 결제를 하는 순간 은행 계좌에서 이용 금액이 빠져나가는 시스템입니다. 즉, 은행 계좌에 구입 금액 이상의 잔액이 없으면 사용할 수 없습니다. 이에 반해 신용 카드는 대금을 잠시 신용 카드 회사에서 대신 지불하는 시스템입니다. 즉, 카드 사용자가 '일시적으로 빚을 지는 형식'으로 이용하게 됩니다. 현금 인출 카드와는 달리 계좌에 들어 있는 잔액이 적어도 설정해놓은 상한액까지는 자유롭게 사용할 수 있기 때문에 주의가 필요합니다.

현금 인출 카드와 신용 카드의 큰 차이점 가운데 하나로 '소유 가능한 연령'을 들 수 있습니다. 현금 인출 카드에는 연령 제한이 없어서 중학생이나 고등학생도 소유할 수 있지요. 한편, 신용 카드는 이용한 금액을 나중에 확실하게 지불할(변제해줄) 사람인지 아닌지를 가리는 심사가 필요하기 때문에 '고등학생을 제외한 만 18세 이상'인 사람 가운데 심사를 통과한 사람만이 소유할 수 있습니다.

또, 신용 카드에는 매스티지 카드(Masstige card, 대중화된 명품급 카드로 연회비 10~30만 원대이다), VVIP 카드(일명 블랙 카드)와 같은 등급이 있습니다. 상위 등급일수록 따라오는 우대 특전은 많지만, 연회비가 비싸고 입회 심사 때 연령이나 직업, 수입 등을 까다롭게 확인합니다. 두 카드는 기능이 다르고 각각 편리한 점과 주의할 점이 있습니다. 모두 소중한 돈과 직결되기 때문에 특성을 미리 알아두면 조심성 없이 타인에게 보여주거나, 건네거나, 속지 않도록 예방할 수 있습니다.

신용 카드는 제대로 사용하면 시간이 흐를수록 신용도가 올라갑니다. 그럼 아이는 '신용도가 올라가니까 무조건 신용 카드를 사용해야겠다!'고 생각할 수도 있습니다. 이때 아이에게 신용 카드 대금 연체를 하게 되면 신용도가 떨어질 수 있다고 꼭 알려주세요. 그렇게 되지 않기 위해서라도 아이가 어려서부터 돈에 대한 지식을 쌓을 수 있도록 도와주어야 합니다.

아이가 블록체인에 대해 물어본다면?

●

'블록체인(Block chain)'이라는 말을 들어보셨나요? 이는 온라인에서의 금융 거래 장부에 관한 기술을 말합니다. 일정 기간 안에 행해진 거래 기록(=블록)이 체인처럼 연결되어 있는 상태를 가리키며 은행 등을 통하지 않고 특정한 가상 화폐(암호 자산)를 가진 사람 모두가 거래 정보를 공유함으로써 이중 거래 등의 문제를 해결하고, 개인 간의 거래를 가능하게 합니다.

2008년 사토시 나카모토라는 이름을 쓰는 인물(혹은 그룹)이 암호 화폐 '비트코인'을 공개 거래 장부로 발명하면서 시작되었습니다. 사토시 나카모토의 정체는 현재까지 밝혀지지 않았지만, 블록체인의 발명으로 인해 비트코인은 기관이나 중앙 서버를 필요로 하지 않으면서 여러 문제를 통과한 최초의 디지털 화폐가 되었습니다.

그리고 2010년 5월 22일, 플로리다의 어떤 프로그래머가 비트코인 개발자의 포럼(게시판)에 '비트코인으로 피자를 주문하고 싶다'는 글을 올렸습니다. 한 피자 가게가 이에 응했고 '피자 2판=1만 BTC'로 거래가 성사되었습니다. 데이터일 뿐이었던 비트코인이 처음으로 현실의 '물건'과 교환되어 가치를 지니게 된 순간이었습니다.

지금은 비트코인 디자인이 다른 애플리케이션에도 영향을 주어서 일반에 공개되어 있는 블록체인은 암호화폐로 널리 이용되고 있으며 결제 수단의 한 종류로 여겨지고 있습니다. 탄생한 지 얼마 안 되었을 때는 일본에서 1BTC=10원이었다가 가격도 껑충 뛰어올라 한때는 2,000만 원을 뛰어넘었고, 2021년에는 5만 1,000달러(한화 약 6,000만 원)를 돌파하기도 했습니다.

그렇다면 비트코인은 어떤 용도로 사용할 수 있을까요? 첫 번째로 쇼핑을 할 수 있습니다. 화폐이기 때문에 당연하다면 당연하지만, 심지어 수억 원씩 하는 스포츠카도 구입할 수 있습니다. 또, 비트코인을 이용한 국제 송금 서비스도 등장했습니다. 가상 화폐를 이용하면 송금 정보와 함께 '가치 그 자체'를 보낼 수 있기 때문에 은행 국제 송금을 이용할 필요가 없어서 코스트 삭감 효과가 크다고 합니다.

송금인과 수취인이 가상 화폐를 그대로의 형태로 보유한다면 그 사이에 중간업자가 필요 없고, 블록체인 상에서 매매 당사자들끼리 거래가 완료되기 때문에 국경이라는 개념도 신경 쓸 필요가 없어집니다. 국적이나 자국 통화에 얽매일 일이 없는 전 세계에서 활용 가능한 통화라니, 확실히 매력적입니다.

비트코인을 이해하려면 '반감기'의 존재도 알아야 합니다. 이는 비트코인을 비롯한 가상 화폐의 '마이닝 보상'이 절반이 되는 타이밍을 뜻합니다. '마이닝(mining)'은 '채굴'이라는 뜻으로 가상 화폐의 세계에서는 일정 기간마다 모든 거래 기록을 거래 장부에 추가하는 것을 가리킵니다. 은행 등 특정 조직을 중앙에 두지 않는 가상 화폐는 이 거래 장부 기록도 개개인이 맡습니다. 그리고 그 작업에 종사한 보상으로 신규 화폐가 지불됩니다. 이것이 마이닝 보상입니다. 가상 화폐의 신규 발행은 마이닝을 통해서만 이루어지기 때문에 비트코인 등 자신이 보유하는 가상 화폐의 발전을 믿는 사람들은 밤낮으로 채굴 활동(하나의 커다란 거래 장부 갱신 작업)에 힘을 쏟습니다.

그런데 가상 화폐의 발행 총량에는 한계가 있습니다. 비트코인의 경우 2,100만 BTC가 상한선으로 설정되어 있고, 이 한계치를 향해 21만 블록이 생성된 타이밍에 마이닝 보상이 반감합니다. 마이닝 보상이 반감하면 시장에 신규로 유통되는 가상 화폐의 양도 감소합니다. 이런 상황에서 수요가 늘면 가상 화폐의 희소성이 높아지고 가격도 상승한다고 보면 됩니다.

가상 화폐의 존재는 알지만 언제까지 이어질지 모르기 때문에 손대지 않고 있다고 생각하는 분도 많을 텐데요. 반감기의 도래, 개발자 커뮤니티에 의한 사양 업데이트, 세계 각국의 규제 완화나 규제 강화 등등 고려해야 할 다양한 요소가 있지만, 돈 교육이라는 관점에서 보면 이처럼 완전히 새로운 구조의 통화를 다뤄보는 것도 결코 불필요한 시간 낭비는 아닐 겁니다. 개인과 개인이 직접 거래할 수 있고, 거래 이력이 정확하게 공유되기 때문에 모금 활동에 적합한 측면도 있습니다.

돈과 노동의 소중함을
알려주는 법

근무 방식의 차이란?

●

세상에는 셀 수 없이 다양한 종류의 일이 있는데, 일하는 방식만 놓고 보면 크게 네 가지로 분류할 수 있습니다. 다음에 소개하는 근무 방식들은 『부자 아빠 가난한 아빠』에도 소개되어 있는데요. 각각의 근무 방식이 좋고 나쁘고를 따지려는 것이 아니라 몸을 쓰는 노동과 돈을 움직이는 노동의 차이를 이해하기 위한 분류입니다.

==== 근무 방식의 종류 ====

① Employee
회사원, 아르바이트,
계약직

② Self Employee
자영업 사장,
의사, 변호사,
모델, 운동선수

③ Business owner
프랜차이즈, 주차장 운영,
다단계 마케팅,
부동산 운영 등

④ Investor
투자자 주식,
채권, 투자 신탁,
부동산 투자, 기타

①과 ②는 스스로 일해서 돈을 버는 데 반해 ③과 ④는 불로소득으로 분류됩니다. 대부분의 사람들이 ①이나 ②의 방식으로 일하고 있는데, 돈 교육을 경험하면 ③과 ④의 방식도 시야에 넣을 수 있게 됩니다. 자기 몸을 써서 돈을 버는 ①이나 ②의 방식으로는 아무리 월급을 많이 받는다 하더라도 한계가 있습니다. 몸은 하나밖에 없고 아무리 쉬지 않고 일한다 해도 일할 수 있는 시간은 하루에 24시간, 1년에 365일로 정해져 있습니다. 한편 돈 자체를 굴리는 ③과 ④에는 한계가 없습니다. 옆에 붙어 있을 필요가 없는 데다가 굴리는 돈이 늘어날수록 그 상승폭도 점점 커집니다. 물론 그만큼 리스크도 있지만 돈을 늘리는 데는 훨씬 효율적인 방법입니다.

상담자들이 "투자는 어떻게 하면 되나요?"라고 질문하면, 저는 이와 같이 돈 버는 방식의 차이를 설명합니다. 그럼 상담자들은 "내가 돈 교육을 못 받아서 이렇게 됐어요!" "어렸을 때 돈 교육을 받았으면 저축하는 방법이나 사용 방법을 달리했을 텐데…" 하며 분통을 터트리고는 합니다.

회사를 위해서 자신이나 가족의 인생이 있는 것이 아닙니다. 인생은 자기 자신과 가족을 위해서 존재합니다. 그렇기 때문에 돈을 만들어내는 일(수입)을 스스로 컨트롤할 수 있느냐 없느냐가 매우 중요합니다. 일하는 방식의 근본적인 차이를 어려서부터 알고 있으면 당연히 장래에 목표로 하는 직업에도 변화가 생길 겁니다.

아이와 즐겁게 '먹고 사는 법'을 이야기하라

●

앞서 ① Employee(종업원) ② Self Employee(자영업자) ③ Business owner(경영인) ④ Investor(투자자)라는 일하는 방식을 소개했습니다. '어떻게 돈을 벌 것인가?'는 중요한 포인트인데, 돈 교육을 받지 않은 아이들은 대부분 ①이나 ②밖에 상상하지 못합니다. 부모나 가족 등 가까운 누군가가 그렇지 않은 한 ③이나 ④ 같은 방법이 있다는 사실조차 모를 수도 있습니다. 물론 ③과 ④는 되고 싶다고 금방 될 수 있는 것이 아닙니다. 하지만 선택지가 두 종류 있을 때와 네 종류 있을 때는 시야의 폭이 다릅니다.

저는 운 좋게도 유소년기부터 존경할 만한 분들을 보고 배울 기회가 많았습니다. 대기업 임원, 연예계 관계자, 투자로 돈을 번 억만장자, 런던의 억만장자를 가까이에서 만날 수 있었지요. 신입 사원으로 시작해 임원까지 오른 사람도 있었는데요. 그 가운데서도 특별히 인상적이었던 사람의 이야기를 소개하고자 합니다.

비디오 대여점도 없고, 컴퓨터도 보급되지 않았던 제 젊은 시절의 이야기입니다. 인기 렌털 레코드점의 창업자와 친분이 있었던 저는 그곳에서 일하는 점장 가운데 대단한 사람이 있다는 소문을 듣고 그를 직접 만나볼 기회를 얻었습니다. 그 점장은 손님이 원하는 곡을 흥얼거리기만 해도 그 곡이 수록된 레코드를 찾아줬습니다. 게다가 모든 LP에 그 곡의 특징과 매력을 쓴 해설지를 붙여서 가게의 매상을 올리는 유명 인사였습니다. 그의 이름은 마쓰우라 마사토. 훗날 그는 에이벡스 주식회사(Avex Group, 일본의 음악 소프트 회사)의 대표이사가 됩니다.

그는 음악을 좋아하는 순수한 마음으로 아르바이트를 했고, 좋아했기에 지식도 풍부했습니다. 남들보다 음악을 훨씬 잘 알았기 때문에 손님의 콧노래만 듣고 음반을 찾거나 해설문을 작성할 수 있었고, 결과적으로 손님들을 만족시켰습니다. 이러한 만남을 통해 자신의 '일을 즐기는 것'이 '다른 사람에게 도움이 되는 일'로 이어지고, 그것이 지속되면 '자연스레 그 사람에 대한 평가가 좋아진다'는 사실을 깨달았습니다.

아이에게 가능한 한 많은 선택지를 주시기 바랍니다. 설령 그것이 어른 눈에는 무의미하게 보이더라도 아이의 '흥미'에는 다양한 가능성이 숨어 있다는 사실을 알아주시기 바랍니다.

성적보다 강한 지혜, 금융머리

●

내신 성적이 우수하고 수능을 잘 봤다고 해서 반드시 인생의 승자가 되는 건 아닙니다. 경제적으로 풍요로운 생활을 할 거라는 보장도 없습니다. 물론 학창 시절의 좋은 성적 덕에 공무원이나 대기업 사원이 되어 연봉을 많이 받는 사람도 있고, 사업을 시작해서 빠르게 성공한 경영자도 있기는 합니다. 좋은 성적을 받아서 좋은 대학을 나오는 편이 취직에 유리하고, 나아가서는 평생 받을 월급도 많아진다는 생각도 부정할 수는 없습니다.

하지만 굳이 코로나바이러스의 예를 들지 않더라도 사회는 어지러운 속도로 변하고 있고, 공무원이나 잘나가는 회사원도 무사태평하게 있을 수만은 없습니다. 적어도 지금의 아이들이 어른이 되었을 때 기다리고 있는 사회는 현재 어른들이 보는 사회와는 크게 다를 거라는 사실만은 분명합니다.

세계는 계속해서 변하고 있습니다. 격렬한 소용돌이에 던져졌을 때 '학교 성적'이라는 척도밖에 없으면 그것이 통하지 않는 환경에서는 상당한 어려움을 겪게 되겠지요. 어쩌면 아이들은 그 위험을 이미 감지하고 있는지도 모릅니다.

어려서부터 돈 교육을 받으며 자란 아이들은 자기 재산을 늘리고 지키는 데 뛰어납니다. 서른 살이 되었을 때 돈을 늘리는 방식이나 돈이 늘어나는 방식을 비교해도 돈 교육을 받지 않은 사람과는 전혀 다릅니다. 남보다 자산이 많으면 수입원이 끊기는 위기의 순간이 와도 버틸 수 있고, 평소에도 마음에 여유가 있기 마련입니다. 결과적으로 보다 나은 인생을 살 수 있습니다.

또 돈에 관한 지식을 얻는다는 것은 빈곤을 피하기 위한 최선의 자위책일 뿐 아니라 앞을 내다보는 힘, 조금씩 장기간에 걸쳐서 꾸준히 나아가는 지속력, 새로운 것을 찾아내는 힘, 정보를 분석하고 자세히 조사하는 힘, 커뮤니케이션 능력 등 다양한 장점을 길러줍니다. 이것들은 모두 인생을 살아가는 데 중요한 스킬인데, 학교 성적과 반드시 직결되는 것은 아닙니다. 그렇게 생각하면 돈 교육이 인생에 있어서 얼마나 강력한 것인지 이해할 수 있을 겁니다.

부모가 먼저 알아야 할 투자 테크닉

1. 달걀을 한 바구니에 담지 마라

선인들은 주식의 세계에 관해 본인의 경험을 바탕으로 다양한 격언을 남겼습니다. '달걀을 한 바구니에 담지 마라'도 그중 하나입니다. 여러 개의 달걀을 한 바구니에 담으면 그 바구니를 떨어트렸을 때, 모든 달걀이 깨질 수 있지만 여러 개의 바구니에 달걀을 나눠 담으면 운 나쁘게 바구니 하나를 떨어트렸다 하더라도 다른 바구니의 달걀은 영향을 받지 않습니다. 투자의 경우, 특정 상품에만 투자를 하지 말고 주식이나 채권, 부동산 등 복수의 상품에 투자해서 리스크를 '분산'시키는 편이 좋다는 말입니다.

그런데 저는 투자를 할 때는 자산 규모에 따라 나눠야 한다고 생각합니다. 어느 정도 자산이 있는 사람은 분산 투자를 해서 리스크에 대비하는 형태가 좋습니다. 하지만 소액 투자만 가능한 경우에는 10만 원을 가지고 채권과 주식 등에 분산하기보다는 외국 주식에 장기간 투자하는 편이 자산 늘리기에 유리합니다. 세계의 수많은 주식 중에서 복수의 회사와 업종에 투자하는 것도 훌륭한 분산 투자입니다. 세계 인구가 계속해서 늘어나고 GDP도 성장세에 있을 때는 이러한 분산도 선택지 가운데 하나입니다. 이는 투자뿐 아니라 통화에도 적용됩니다. 자국의 통화뿐 아니라 미국 달러 등 가지고 있는 화폐를 분산하면 인플레이션에도 대응할 수 있습니다.

억만장자와 일반 가정은 분산을 하더라도 똑같이 분산해서는 안 됩니다. 소유하고 있는 자산이 적고 여유가 없다면 장기간에 걸쳐서 조금씩 세계로 눈을 돌리며 투자를 해야 하지요. 그리고 이는 얼마 안 되는 용돈을 손에 쥐고 투자라는 크고 넓은 바다로 첫 항해를 나서려고 하는 자녀에게도 적용됩니다.

어디까지나 하나의 사례이기는 하지만 10만 원씩 세계의 여러 기업에 분산투자하고 이를 35년 동안 계속한 결과, 투자금 4,200만 원을 2억 6,000만 원으로 불린 사람도 있습니다. 상승률이 무려 약 6배에 달합니다. 이런 이야기를 들으면 초조한 마음이 들지 모르지만 오랫동안 신경을 쓰지 않는 것이 투자 멘탈에서 중요합니다.

분산이라는 방식은 투자뿐 아니라 현재 통장 속 현금을 지키는 데에도 똑같이 적용됩니다. '모 아니면 도'인 도박을 하듯이 생활비까지 투자에 쏟아부을 것이 아니라 앞날을 위한 돈으로 확보해둘 수 있는 만큼이 어느 정도인지 확인하고, 분산해서 장기적인 안목으로 투자합시다. '토끼와 거북이' 우화를 예로 들자면 투자는 거북이처럼 하는 게 좋습니다. 그런 의미에서도 주어진 시간이 충분한 어린 시절부터 투자를 접하는 것은 부모로부터 커다란 유산을 받는 것과 같습니다.

2. 달러 비용 평균법(DCA)

각각의 자산과 주식 종목에는 그 성질에 따라 다양한 시세 변동이 있습니다. 가격이 높을 때가 있는가 하면 낮을 때도 있는데, 그 모든 파도를 읽어내는 일은 사실상 불가능합니다. 따라서 한 번에 거액의 투자를 할 것이 아니라 적립 투자처럼 정해진 소액을 정기적으로 투자하는 게 좋습니다. 이렇게 함으로써 가격이 높을 때는 적게 사고, 가격이 낮을 때는 많이 살 수 있는 것이지요.

==== 매달 20만 원씩 주식 투자 시 시세 변동 비교 ====

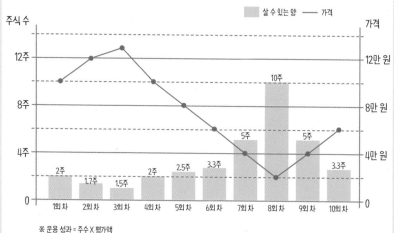

※ 운용 성과 = 주수 X 평가액

'시간 분산'이라고도 할 수 있는 이 투자법을 '달러 비용 평균법(DCA)'이라고 부릅니다. 장기적으로 보면 1회당 투자 금액은 평균화되기 때문에 단기적으로 시세가 급락하더라도 그로 인해 발생하는 손실의 정도를 낮출 수 있습니다.

다음 표를 통해 10만 원씩 10년, 20년, 30년 동안 꾸준히 적립한다면 얼마나 모을 수 있는지 살펴봅시다. 이때 외국 주식, 밸런스형, 채권으로 적립했을 때 각각의 결과도 함께 정리해두었습니다. 수수료와 세금은 별도입니다.

==== 매달 10만 원을 투자할 때 자산 증가율 ====

적립 방식	기간	총액	증가액
외국 주식 투자 (평균치 8.8%)	10년	1,964만 7,480원	764만 7,480원
	20년	6,531만 3,780원	4,131만 3,780원
	30년	1억 7,145만 5,150원	1억 3,545만 5,150원
밸런스형 투자 (평균치 6%)	10년	1,676만 5,930원	476만 5,930원
	20년	4,679만 1,150원	2,279만 1,150원
	30년	1억 56만 1,740원	6,456만 1,740원

채권 투자 (평균치 3%)	10년	1,416만 9,310원	216만 9,310원
	20년	3,321만 1,650원	921만 1,650원
	30년	5,880만 2,960원	2,280만 2,960원

위 표를 통해 장기 투자를 하는 편이 복리 법칙과 시간 분산으로 수익이 늘어난다는 사실을 알 수 있습니다. 물론 장점만 있는 것은 아닙니다. 운용 기간이 짧으면 디메리트가 발생할 수도 있습니다. 예를 들어 5년 안에 승부를 보려 한다고 해봅시다. 5년을 채우기 직전에 주가 대폭락이 일어난다면 그때까지 조금씩 늘고 있었던 것도, 보유량은 늘었지만 해약할 때의 가치로 보면 원금 손실이 발생할 수도 있습니다.

또, 목돈을 가진 50대 이상인 경우, 운용 기간을 30년으로 잡으면 80세가 됩니다. 80세까지 돈을 불려나가겠다는 기대감이 있다면 괜찮을지 모르지만, '10년 뒤까지는 불려놓고 싶다'면 꾸준히 조금씩 모으는 방법이 아닌 다른 투자 방법을 선택하는 편이 좋겠지요.

저는 투자에는 여러 가지 스타일이 있다는 사실을 알려드리고 싶습니다. 증권 회사나 운용 회사, 해당 상품의 운용 방침이나 수수료 등의 비용, 세금도 고려해야 합니다. 또, 세상에는 판매가 정지되는 상품도 많습니다. 그 이유는 단순한데 콕 집어 말하자면 '적자 상품'이기 때문입니다. 요컨대 이득이 되지 않는 상품이 될 것 같거나 실제로 이득이 되지 않는 상품이지요.

이러한 리스크도 감안하면서 자신의 연령과 자산을 생각했을 때 '달러 비용 평균법'이 좋을지 '목돈 투자'가 좋을지, 아니면 두 가지를 병용하는 편이 좋을지를 곰곰이 생각해보아야 합니다. 판단하기 어렵다면 경험이 풍부한 파이낸셜 플래너에게 조언을 구하는 것도 좋은 방법입니다. 이 책의 주제이기도 한 자녀의 첫 투자를 생각한다면 달러 비용 평균법이 괜찮은 선택지라고 할 수 있습니다.

- 참고 문헌 : 금융청 「시간 분산」

제3장

실전편

: 평생 경제 자립을 완성하는
연령별 돈 교육

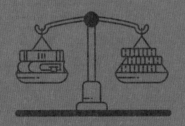

유치원생
: 저금하는 습관 기르기

성취감을 높이는 저금통 교육법

●

저금통은 특히 투명한 병을 사용하면 효과 만점입니다. 당연한 이야기지만 갑자기 저금을 하라고 말한들 어린아이는 저금의 의미와 가치는 고사하고 저금통이 어떤 물건인지조차 모릅니다. 그런데 투명한 병을 저금통으로 사용하면 돈이 쌓여가는 모습이 보이고, 조금씩 병이 채워지는 것에 흥미를 느끼게 됩니다. 이때 아이가 좋아하는 그림이나 일러스트 등이 그려진 이름표를 붙여주면 좋습니다. 이렇게만 해도 '내 것'이라는 사실을 실감할 수 있기 때문입니다.

저금하는 습관이 들도록 할머니나 할아버지가 주신 용돈도 이 병에 넣으라고 알려주고, 넣을 때마다 아이의 이야기를 들어주며 칭찬해주시기 바랍니다. 엄마와 아빠의 반응을 보고 아이는 '저금은 좋은 습관'이라고 느끼게 됩니다. 또, 마음대로 꺼낼 수 없다는 사실도 인식시켜주는 게 좋습니다.

저금통은 두 개 준비하라

●

저금통을 준비할 때는 두 개를 준비하는 게 좋습니다. 왜 두 개인지 궁금해한다면 첫 번째 저금통은 '자신을 위해', 두 번째 저금통은 '다른 사람을 위해' 모으는 거라고 말해줍니다.

이때 중요한 것은 모으기만 해서는 안 된다는 사실입니다. 저금통에 모은 돈을 '무엇을 위해 사용할까?'를 미리 정해놓으면 아이는 '돈은 사용하기 위해 모은다'는 사실을 배웁니다. 계획에 맞게 자산을 분류해야 한다는 생각도 하게 됩니다. 또, 누군가를 위해 모은 돈을 실제로 모금 등에 사용해봄으로써 다른 사람에게 도움이 되는 경험을 할 수 있다는 것도 저금통 나누기의 커다란 이점입니다.

아이가 이에 익숙해졌다면 저금통을 한 개 더 늘려서 '장래의 목표를 이루기 위한 저금'도 하게 하면 좋습니다. 참고로 저는 그림물감으로 조개껍데기와 거북이, 고래를 그리고 전체를 푸른 계열로 통일시킨 병과 핑크 계열의 꽃 그림을 그린 병, 그리고 강아지 그림을 그린 병으로 나눴던 기억이 납니다. 색이나 그림으로 나누면 구분하기도 쉽고 아이가 즐거워할 겁니다.

가게 놀이로 돈의 소중함을 알려주자

●

서양에서 생활하면서 본 것 가운데 지금도 인상적인 기억으로 남아 있는 광경이 있습니다. 한 아이가 자기 집 앞에 만들어놓은 주스 가판대의 모습입니다. 서양에서는 필요한 물건을 사고 싶지만 용돈이 모자랄 때, 혹은 누군가를 돕기 위한 기금을 마련할 때 아이가 어른들에게 도움을 요청해 주스를 판매하고는 합니다. 그냥 상품을 진열해놓기만 하는 것이 아니라 '홍보'도 하고 '잘 팔리는 상품'을 만들기 위해 고민하는 아이의 모습을 보고 놀랐던 기억이 납니다. 즐거운 휴일을 보내면서 '물건을 판매하고, 사람들이 웃는 모습을 보고 돈을 받는 경험'을 하고 나면 아이는 돈을 소중하게 다루게 됩니다.

한국의 초등학교에도 '가게 놀이' 활동이 있습니다. 초등학교 1학년 교과서에 가게 놀이와 관련된 단원이 있어서, 가정에서 안 쓰는 물건을 가져와 아이들끼리 사고파는 활동을 하기도 하지요. 학교뿐만이 아니라 학부모들의 커뮤니티, 중고 거래 커뮤니티 등을 통해서도 안 쓰는 물건을 저렴하게 팔아 사회에 기부하는 활동을 아이와 함께 실천해보시기를 바랍니다.

물론 지역에 따라서는 학교에서 이런 이벤트를 하지 않는 곳도 있을 겁니다. 그럴 때는 집에서 가게 놀이를 해보는 것도 좋습니다. 이미 자주 하고 있는 집도 있겠지만, 가끔은 평상시에 하는 것보다 제대로 준비를 갖춰서 해보면 어떨까요? 간판, 계산대, 지갑, 돈, 가게 분위기, 담당, 쇼핑백, 바구니 등 아이가 가게를 생생하게 떠올릴 수 있는 소품이나 설정을 대화를 통해 정해보는 겁니다. 그리고 어떤 가게인지, 얼마에 팔지 등도 즐겁게 의논해서 결정합니다. 이때 아이를 격려하고 칭찬하는 것이 중요합니다.

가게 놀이에서 가장 중요한 포인트는 돈을 물건으로 바꿔서 '사고파는' 경험을 하는 것입니다. 점원 역할을 하게 되었다면 "어서 오세요" "어떤 걸로 하시겠어요?" "감사합니다"라고 말하고, 받은 돈은 계산대로 정한 상자에 넣습니다. 장난감 돈이라도 진짜 돈처럼 소중하게 다루는 것이 중요합니다. 또, 돈을 받고 물건을 건네줄 때는 반드시 거스름돈을 맞게 줬는지를 손님과 점원이 함께 확인합시다. 물건은 쇼핑백이나 바구니에 넣어주고 끝까지 소중하게 다루는 것도 잊어서는 안 됩니다.

가게 놀이를 끝냈다면 반드시 기뻤던 점이나 즐거웠던 점 등 놀이를 해본 감상을 아이와 함께 이야기해보는 시간을 가집시다. 아이 스스로 "다음에는 이렇게 해보면 어떨까?" "이런 가게로 만드는 게 좋을 것 같아!"라는 제안을 한다면 대성공입니다.

아이가 물건을 사달라고 조를 때 대처법

●

아이에게 가게는 그야말로 천국입니다. 가게, 편의점, 전자제품 판매점, 대형 마트 등에는 곳곳에 흥미로운 물건이 진열되어 있고, 어떤 물건은 실제로 만져볼 수도 있습니다. 이런 상황에서는 물건을 탐내지 말라고 하는 게 오히려 잔인한 것 같습니다.

하지만 가지고 싶다고 할 때마다 사주면 아이는 '쇼핑을 하러 가면 원하는 물건을 얻을 수 있다'고 착각하고 맙니다. 늘 사주다가 갑자기 사주지 않겠다고 하면 아이는 울고불고 하며 떼를 쓸지도 모릅니다. 그럴 때는 울어도 손에 넣지 못하는 것이 있다는 사실, 참아야 한다는 사실을 끈기 있게 이해시켜야 합니다.

울고 있을 때 설명을 하면 머릿속에 들어가지 않습니다. 집으로 데리고 돌아가서 조금 차분해졌을 때를 골라 이야기를 해보시기 바랍니다. 저금통을 앞에 두고, 여기에 돈이 얼마나 있고 이 돈을 써서 어떻게 하고 싶은지, 뭘 할 수 있는지를 함께 의논해보는 겁니다.

식물을 기르면 금융머리도 자란다?

●

어린 시절에 씨앗을 심어 꽃이 필 때까지 돌봤던 경험을 한 기억이 납니다. 식물을 기르는 일과 돈을 관리하는 일은 매우 닮아 있습니다. 이 시기의 아이들에게는 "미래를 위해서 공부해라" "나중을 위해서 돈을 모아라"라고 말로 전달하는 것보다 씨앗을 심고 물을 줘서 꽃을 피우거나 비료와 물, 햇빛 등을 어떻게 조절할지를 생각하며 식물을 기르는 경험을 통해서 더 많은 것을 배웁니다. 씨앗을 심어 꽃이 피거나 열매가 열렸을 때의 기쁨은 물론이고, 꽃을 방에 장식해서 가족들을 기쁘게 하거나 직접 기른 채소로 요리했을 때 맛있다며 가족들이 기뻐해준 경험은 무엇과도 바꿀 수 없습니다.

씨앗을 심는다고 해서 금방 꽃이 피거나 열매가 열리지는 않습니다. 싹이 나오고 조금씩 자라지요. 식물을 기르는 과정을 경험한 아이는 차근히 시간을 들여서 해야 할 돈 관리에도 긍정적인 마음을 가지게 됩니다.

돈을 바르게 쓰는 법, 기부

●

돈이 충분한 사람과 돈이 부족한 사람의 차이를 느끼게 하는 것도 중요합니다. 그 첫걸음으로 그림책도 좋고요. 우리가 사는 지구에는 하루에 한 끼밖에 먹지 못하거나 학교에 가지 못하는 아이들이 있다는 사실을 알려주는 것도 좋습니다. 외국의 6세 소년이 길가에 작은 책상을 내놓고 공부하는 사진이 SNS를 통해 퍼지면서 화제를 모은 적이 있는데요. 이 소년 외에도 가난에 시달리는 사람들이 무수히 많을 테지만, 풍요로운 나라에서 살면 이런 사실을 실감하기 어렵습니다. 그렇기 때문에 형편이 어려운 친구의 사진이나 영상을 보여주면서 "이 저금통에 용돈을 넣으면 저 친구에게 분명히 도움이 될 거야"라는 말을 해줬으면 합니다.

분명 아이 나름대로 열심히 생각할 겁니다. 또, 가족에게 보살핌을 받기만 하던 입장에서 벗어나 자신이 누군가를 도와야 한다는 책임감과 배려심도 싹틀지 모릅니다. 비록 그림책이나 영상을 통한 간접적인 공부이지만 아이의 마음에 깊은 인상을 남기고, 돈이 얼마나 중요한지를 알게 될 겁니다. 어떤 학부모는 이런 대화를 계기로 아들이 책상을 스스로 깨끗하게 정리하고, 책을 읽고 글을 쓰며 진지한 모습을 보이기 시작했다는 이야기를 들려주기도 했습니다. 아직 어려도 감동은 마음속 깊은 곳에 새겨지기 마련입니다.

용돈은 반드시 협상을 통해 정한다

●

아직까지도 용돈이 매주, 혹은 매달 정해진 날짜에 주어지고, 금액도 연령에 따라 자동적으로 올라가는 가정이 많은 것 같습니다. 거듭 이야기했지만 이렇게 하면 아이들은 '돈은 정기적으로 받는 게 당연하다' '나이를 먹으면 받는 금액도 자동으로 올라가야 한다'고 생각하게 됩니다.

아이에게 용돈을 얼마나 줄지는 '용돈 협상'을 통해서 정하는 것을 추천합니다. 협상을 시작하는 타이밍은 초등학교 입학 전후가 적당합니다. 이맘때가 되면 연필이나 노트 등의 학용품, 친구를 집에 초대하거나 친구 집에 놀러 갈 때 간식으로 먹을 과자 등 필요한 것이 늘어납니다. 또 학교나 학원 등 다니는 곳이 늘면 이전까지 보지 못했던 것을 볼 기회도 늘어서 필연적으로 갖고 싶은 것이 생기기 시작합니다. 용돈을 생각하기에 안성맞춤인 시기라고 할 수 있습니다.

하지만 아이가 처음부터 협상을 할 수 있을 리는 만무하지요. 일단은 용돈의 존재에 대해 가르쳐주고, 용돈이 왜 필요한지도 알려줍시다. '부모나 가족에게 받는 돈' 그리고 '자신의 것이 되는 돈'이라고 하면 처음에는 감이 오지 않을지도 모릅니다. 이전까지 용돈을 받은 적이 없다면, 부모님이 "얼마나 필요해?"라고 물었을 때 아이가 대답하기 어려워할 수도 있어요. 그럴 때는 "네가 지난번에 먹고 싶어 하던 젤리는 한 봉지에 2,000원이야" "향기 나는 지우개는 하나에 1,000원 이야" 등 주변에 있는 물건이나 아이가 갖고 싶어 했던 물건을 예로 들면 좋습니다. 이렇게 하면 아이 입장에서 '무엇을 위해 용돈이 필요한가?'가 확실해집니다.

용돈 협상 교육을 너무 엄격하게 진행하지 말고, 아이와 대화할 기회로 여기고 그 시간을 즐기면 좋겠습니다. 용돈 협상 교육의 진정한 의미는 아이를 다그치고 혼내는 것이 아닌, 목표를 정하고 돈을 모으는 습관, 올바른 돈 관리 습관을 길러주는 것에 있기 때문입니다.

초등학생
: 돈을 불리는 과정 익히기

예금과 대출에 대해 쉽게 알려주는 법

●

돈에 관해 배울 때 다루지 않을 수 없는 것이 은행입니다. 은행의 시스템과 주요 역할은 이후의 돈 교육과도 깊은 관련이 있기 때문에 반드시 제대로 알려주어야 합니다. 은행은 사람들이 맡긴 돈을 필요한 사람에게 빌려주거나 운용해서 불립니다. 은행이 운영되려면 우선 사람들의 '예금'이 필요한데요. 아이에게 이 예금부터 설명해주어야 합니다. 아이들에게는 용돈이나 세뱃돈, 입학 축하금을 예로 들면 이해하기 쉬울 겁니다. 용돈을 받아서 집에 그대로 두면 잃어버릴 염려가 있지요. 그렇다고 받자마자 모두 써버리면 나중에 필요한 물건이 생겼을 때 살 수 없습니다. 그럴 때 돈을 안전하게 맡아주는 곳이 은행으로 이때 맡긴 돈을 예금이라고 부릅니다.

은행에 돈을 맡기면 '예금 계좌'라고 하는 개인용 저금통이 생깁니다. 계좌를 만들면 통장과 현금 인출 카드를 받을 수 있습니다. 이 통장과 도장, 혹은 현금 인출 카드를 은행 창구나 곳곳에 설치되어 있는 ATM기에 가지고 가면 쉽게 예금을 할 수 있습니다. 이 이야기를 하면서 실제 통장이나 현금 인출 카드를 보여주면 아이가 이해하기 쉽습니다.

반대로 맡긴 돈을 찾을 수도 있지만 그러려면 수수료가 듭니다. 또 은행에 돈을 맡기면 '이자(=덤으로 받는 돈)'가 붙습니다. 이처럼 돈을 맡겨두기만 해도 돈이 불어나는 것 또한 은행의 특징이라고 할 수 있습니다. 다만, 지금은 저금리 시대라서 이자가 거의 붙지 않는다는 것도 알려줍시다.

이어서 은행의 역할 가운데 하나인 '대출'에 대해 설명해줍니다. 은행은 사람들이 맡긴 돈을 필요한 사람에게 빌려줍니다. 예를 들어 집을 짓거나 차를 살 때는 많은 돈이 필요하고, 이럴 때 은행의 도움을 받을 수 있습니다. 돈을 빌리고자 하는 사람과 얼마의 금액을 어느 정도의 기간 동안 빌려줄지 상담을 통해 정합니다.

그리고 은행에 돈을 빌리면 빌린 돈 외에 '이자'도 갚아야 합니다. 앞에서 예금을 설명할 때도 이자를 언급했었는데요. 앞에서 설명한 이자는 은행이 예금자에게 지불하는 개념이고요. 이번에는 은행이 돈을 빌리는 사람에게 받는 이자를 설명하려고 합니다. 전자와 후자의 가장 큰 차이점은 전자보다 후자가 이율이 높게 설정되어 있다는 것입니다. 그 차액이 은행의 이익이 됩니다. 그 외에 은행은 모은 예금으로 투자를 해서 이익을 얻기도 하지요. 상당히 개괄적이기는 하지만 우선은 아이에게 은행이라는 조직이 하는 일이 무엇인지를 아래표와 함께 차근차근 설명해주세요.

==== 은행이 하는 일 알려주기 ====

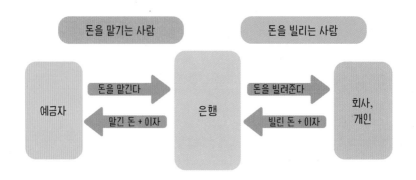

아이가 모은 돈에 손대지 말자

●

이런 말을 하면 여러분들은 무슨 당연한 소리를 하고 있냐며 황당하게 느낄 수도 있겠습니다. 그런데 아이의 돈을 부모가 대신 관리해준다고 생각하면 별생각 없이 써버리게 될 수도 있습니다. 어쩌다 아이의 통장에서 돈을 뽑아 쓰고는 어차피 아이를 위해 쓴 거라고 자기 합리화를 하는 엄마나 급할 때마다 아이의 저금통에서 몰래 돈을 꺼내 쓰고 나중에 돌려놓는 아빠가 의외로 많습니다. 이는 절대로 해서는 안 될 행동입니다. 아이에게는 한 푼씩 모은 소중한 돈이니까요. 그걸 멋대로 써버리는 건 씨앗을 심고 정성껏 물을 주다가 어느 날 갑자기 파버리는 것과 같습니다. 자신이 저축한 돈은 오롯이 자신의 몫이라고 생각할 수 있게 해주어야 합니다. 설령 가족이라 할지라도 자신이 아닌 다른 누군가가 멋대로 써버린다면 아이는 더 이상 돈을 모을 생각이 들지 않겠지요. 소중한 돈을 모으려는 아이의 마음을 헤아려 주어야 합니다.

아이에게 들키지만 않으면 된다는 안이한 생각은 버리시기 바랍니다. 아이의 돈에 대해 부모가 애매한 태도를 취하고 있으면 어떤 형태로든 결국 아이에게 전달되기 마련이니까요. 반대로 부모가 아이를 확실하게 배려하고 존중하면 독립심도 자라고 희망도 자랍니다. 나아가서는 계획적으로 돈을 모을 의욕도 생기겠지요.

이자의 구조 알려주기

●

　예금 통장을 아이 이름으로 만들고 나서 이자가 붙으면, 그 금액이 얼마 안 되더라도 반드시 아이에게 말해주어야 합니다. 은행은 예금을 해준 사람에게 '이자'라는 선물을 줍니다. 저금통에 하는 저금과 은행에 하는 저금의 차이를 어른은 이해하지만, 초등학교 저학년 아이는 이해하기 어렵습니다. 이 둘의 차이를 아이에게 어떻게 하면 쉽게 설명해줄 수 있을까요?

　저금통은 눈앞에 있어서 무슨 일이 있으면 바로 꺼내 볼 수 있지만 은행 예금은 은행이나 ATM기까지 가지 않으면 꺼내 볼 수 없지요. 은행은 사람들의 예금을 굴립니다. 아이에게 은행이 다른 사람이나 가게에 돈을 빌려줌으로써 돈을 불리고 있고, 돈을 맡긴 사람은 그 대가로 이자를 받을 수 있다고 설명해주어야 합니다. 또, 이자는 돈을 맡기면 곧바로 받을 수 있는 것이 아니고 어느 정도 시간이 흐른 뒤에 받을 수 있는 선물이라는 사실도 알려주어야겠지요. 서양에서는 돈 교육을 할 때 선물로 받는 이자의 크기나 그 변화에 대한 이야기도 해 줍니다.

현금과 입출금 카드의 차이 알려주기

●

초등학생이 되면 학교나 학원에 가기 위해 대중교통을 이용할 일이 많아집니다. 그럴 때 요즘에는 대부분의 가정에서 교통 카드나 체크 카드 등 IC 카드를 사용할 겁니다. 돈이 모자라지 않도록 자동 충전을 설정해놓은 경우도 있겠지요. 자동 충전 시스템은 돈이 보이지 않는 상황에서 지불됩니다. 아이 눈에는 몇 번이고 끝없이 사용할 수 있는 마법의 카드처럼 비칠지도 모릅니다. 따라서 아이의 손에 카드를 쥐여주기 전에 '현금과 신용 거래'의 차이를 반드시 가르쳐야 합니다.

서양에서는 신용 카드 사용 방법을 초등학교 저학년 때부터 배웁니다. 카드가 때로는 위험한 물건이 되고, 남용하면 신용도가 떨어질 가능성이 있기 때문입니다. '물건을 산다→돈을 빌린다→기한 안에 돈을 갚는다'는 신용 카드의 시스템을 가르쳐야 합니다.

아이에게 신용 카드 시스템을 알려주는 법

1. 신용 카드 시스템

물건을 산다 → 돈을 빌린다 → 기한 안에 돈을 갚는다

2. 신용 카드 교육 시 아이에게 꼭 해주어야 할 말들
- "카드 안에 있는 돈도 사용하면 줄어드는 거야."
- "카드 한도 때문에 살 수 없는 물건도 있어."
- "카드는 어디까지나 돈 지불을 연장하는 수단일 뿐이란다."
- "카드를 잃어버리면 위험하니까 보관할 때 신경 써야 해."

심부름의 대가로 돈을 바라지 않게 하라

●

초등학생이 되면 돈을 얻는 일에도 흥미가 생깁니다. 친구와 용돈이 얼마인지 서로 비교할 수도 있고, 용돈이 부족하다며 "집안일을 거들 테니까 용돈 좀 주세요"라고 먼저 말할지도 모릅니다. 하지만 '집안일을 돕는다=용돈을 받는다'라는 인식이 심어지는 건 조심해야 할 문제입니다. "방을 정리했으니까 얼마, 빨래를 갰으니까 얼마, 이불 정리를 했으니까 얼마" 식으로 돈이 필요하니까 돕는다는 사고를 하게 됩니다.

그렇게 되기 전에 아이에게 '가족의 일원이라면 집안일을 돕는 것은 당연한 일'이라는 사실을 분명히 해두어야 합니다. 자기 물건이나 방을 정리하는 것은 물론이고 거실이나 욕실, 화장실 등 가족이 함께 쓰는 공간을 청소하거나 다 같이 먹은 식기를 설거지하거나 자기 외의 가족을 위해 움직이는 것이 심부름입니다. 집안일을 거들었을 때

부모님이 기분 좋게 칭찬해주면 아이는 심부름에서 어떤 일을 해내는 기쁨과 성취감을 배웁니다. 또 자신 외의 누군가를 돕는 일의 중요성을 알게 되고 책임감도 기르게 되지요. 심부름에 용돈이라는 보상은 필요 없습니다. 부모나 가족에게 칭찬을 받는 일 자체가 아이에게는 충분한 보상이니까요.

또 심부름하는 습관이 들기 시작하면 아이와 함께 "효율적으로 심부름을 하려면 어떻게 해야 할까?" "어떻게 계획적으로 진행할까?" 등을 함께 이야기해보는 것도 좋습니다. 제한 시간을 정해서 심부름을 게임처럼 해보는 것도 추천할 만한 방법입니다. 제한 시간 안에 아이가 심부름을 끝냈는지 여부와는 관계없이 아이가 한 행동을 복기하고 '어떻게 하면 시간을 줄일 수 있었을까?'를 함께 고민하고 토의하는 시간을 가지세요. 유럽에서는 집안일을 돕는 아이가 어른이 되었을 때 성공할 확률이 높다고 말합니다. 적극적으로 활용해봅시다.

올바른 소비 습관을 길러주는 쇼핑 교육
●

흥미를 끄는 물건이나 새로운 물건, 친구가 신나서 들고 있는 물건을 보면 가지고 싶어지는 것은 자연스러운 현상입니다. 그런데 아이들은 '가격을 보지 않는다'는 특징이 있습니다. 케이크 가게의 진열대를 보고 "맛있겠다!" 하고 달려가는 아이가 있다고 해봅시다. 이 아이가 케이크를 고르는 기준은 가격이 아니라 맛있어 보이는 모양이나 초콜릿이 얼마나 많이 올라가 있느냐 등의 단순한 요소입니다. 가격표 같은 건 보지 않지요.

아이에게 돈을 쥐여주고 함께 쇼핑을 가봅시다. 예를 들어 5,000원 이내로 원하는 상품을 고르고, 남은 돈은 저금통에 넣어도 된다고 말해주는 겁니다. 물론 이것은 돈 교육의 일환인데, 아이 입장에서는 '쇼핑할 때 따라가면 5,000원을 받는다'라고 착각할지도 모릅니다. 이것보다는 차라리 아이에게 '이것은 너를 위한 경제 교육, 쇼핑 놀이 중 하나'라는 것을 정확하게 알려주는 것이 교육적으로 더 좋습니다.

이렇게 함으로써 아이에게는 쇼핑이 즐거운 일이 되고, 반복하면서 거스름돈이 많으면 더 기분이 좋다는 사실을 알게 될지도 모릅니다. 그렇게 되면 물건을 특별한 이유 없이 갖고 싶어 하거나 사달라고 조르지 않게 될 뿐 아니라 비싼지 싼지를 비교하고 어떤 물건이 좋을지 스스로 판단할 수 있게 됩니다.

또 아이와 쇼핑을 갈 때는 수많은 상품 가운데 "어떤 게 좋을까?" 상의하면서 골라보는 것도 좋습니다. 예를 들어 오렌지는 브랜드가 없는 저렴한 것도 괜찮지만 핸드워시는 조금 비싸더라도 피부에 안 좋은 영향을 주는 물질이 안 들어 있고, 환경을 덜 오염시키는 것을 사야 한다는 식으로 말입니다. 즉, 저렴한 물건이 항상 좋은 것이 아니고 경우에 따라서는 아끼지 않는 편이 좋을 때도 있다는 사실을 자연스럽게 가르쳐주세요.

계산대에서 돈을 직접 지불해보는 경험을 통해서도 배울 것이 많으니 기회가 될 때 아이에게 계산을 시켜보기 바랍니다. 영수증이 있으면 반품이 가능하다는 사실도 가르쳐주고, 계산대 직원에게 반품 조건을 들을 때 아이도 함께 있으면 한번 구입한 물건이라도 함부로 다루면 안 된다는 사실을 알게 됩니다. 동네 마트 등에는 모금함이 놓여 있는 경우도 있습니다. 모금처가 신뢰할 만한 곳이라면 함께 기부를 해보는 것도 좋습니다.

쇼핑을 하면서 배울 수 있는 것은 정말 많습니다. 집에서 말로만 가르치는 것보다 훨씬 이해하기 쉽고 체험을 통해 배울 수 있기 때문에 아이도 '쇼핑=뭔가를 사주는 것'이라는 단순한 사고에서 벗어나게 됩니다.

다양한 일과 직업의 세계 탐구하기
●

노동과 보수의 개념에 대해 아이에게 알려줄 때, 초등학생 이하의 아역 배우가 텔레비전이나 영화 등에서 활약하는 것을 예로 드는 것도 좋습니다. 사실 저도 어린 시절에 텔레비전에 잠깐 출연한 적이 있는데, 그 뒤에 은행 통장에 출연료가 들어온 것을 확인했던 기억이 납니다.

어른이 '일한다'고 하면 회사원을 연상하기 쉽지만 반드시 조직에 들어가서 일해야 하는 것은 아닙니다. 아이디어만 있으면 회사를 차릴 수 있고, 실제로 서양에서는 만 10세 정도의 나이에 회사를 차린 아이들도 여럿 있습니다. 게임이나 주방 아이디어 상품, 애플리케이션 개발, 인터넷 활용 아이디어 등 그 방향성도 다양합니다.

최근 들어 어린 기업가들이 점점 늘어가고 있습니다. 일본에서 겨우 아홉 살의 나이에 원자의 화학 결합을 배우는 카드 게임을 개발한 소년은 누계 10만 부를 판매했고, 초등학교 6학년의 나이로 카드 게임 회사의 사장으로 취임하기도 했습니다. 또 푸딩 만드는 방법을 엄마에게 배운 뒤 자기 나름대로 레시피를 개발해 판매하다가 소위 말하는 '대박'을 친 초등학생 경영자도 있습니다. 그 지역뿐 아니라 멀리서 사러 오는 손님이 있을 정도로 인기 푸딩이 되었다고 합니다. 회사 설립은 통상적으로 인감 증명을 취득할 수 있는 15세 이상부터 가능하지만 그 이전에도 국세청에 사업자등록증을 제출하면 부모의 동의하에 개인 사업자가 될 수 있습니다.

정말로 사업을 시작하느냐 마느냐는 차치하더라도 아이에게 사업은 몇 살부터 가능한지와 비슷한 나이의 어린이 가운데 실제로 사업을 하는 아이도 있다는 사실을 알려주기 바랍니다. 그런 뒤에 "너라면

어떤 물건을 팔고 싶니?" "어떤 비즈니스를 하고 싶니?"라는 식으로
아이와 커뮤니케이션을 해보는 것도 좋습니다. 그러면 아이는 '나라
면 어떻게 할까?' 하는 질문을 스스로 던져보면서 이전까지는 자신과
는 상관없다고 생각하던 일이나 가게도 완전히 다르게 보기 시작할
겁니다. 이런 경험이 아이의 시야를 크게 넓혀줄 겁니다.

부모가 하는 일에 대해 이야기하라

아이들에게 가장 가까운 사회인은 당연히 아빠와 엄마를 비롯한
가족입니다. 자세한 업무 내용은 몰라도 아이는 매일같이 부모의 안
색을 살피며 어렴풋하게나마 '일'에 대한 이미지를 가지게 됩니다. 아
이에게 올바른 경제관념을 심어주고 싶다면 반드시 부모가 하는 일
이야기를 해주어야 합니다. 그리고 왜 그 일을 하고 있는지도 이야기
해줍시다.

부모가 사업을 하고 있다면 '이런 사업 아이디어가 떠올라서'라는
이유도 좋고, 선생님이라면 '아이들을 가르치는 게 좋아서', 의사라면
'병에 걸린 사람들을 치료해주고 싶으니까', 간호사나 간병인이라면
'남에게 도움을 줄 수 있으니까' '사람들이 고마워하니까' '웃는 얼굴이
보고 싶으니까' 등 뭐든 좋습니다. 연봉이나 월급 외에 그 일을 좋아하

는 이유를 알려주면 됩니다.

　월급이 많다는 이유만으로 직업이나 일하는 분야를 고르면 실패할 수밖에 없습니다. 자신에게 맞지 않는 일을 하면 '월급 때문에 어쩔 수 없다'며 얼마 동안은 버틸 수 있을지 모르지만 결코 오래가지는 못할 겁니다. 오랫동안 즐길 수 있는 일을 선택하는 것이 중요한데, 이를 말로만 이야기하면 어린아이에게는 와닿지 않습니다. 조금만 크면 "나도 안다고요!" 하며 반발할지도 모릅니다. 그렇기 때문에 아이에게 부모의 일에 대한 의식이나 생각을 견본처럼 보여주어야 합니다.

　아이는 부모의 표정을 민감하게 읽어냅니다. '일하기 싫다', '너무 힘들다' 하는 표정을 하고 있으면 아이는 일하는 것에 대한 부정적인 이미지를 가지기 시작합니다. 본인의 일을 돌아보고 좋은 점을 떠올리시기 바랍니다.

 아이에게 일 이야기를 어떻게 해야 할지 모르겠다면?

질문 퀴즈로 아이와 대화를 이어 나가보세요. "아빠랑 엄마는 어떤 일을 하는 것 같아?"라는 질문을 던져보는 겁니다. 생각지도 못한 대답이 튀어나와 아이의 놀라운 시선을 발견하게 될지도 모릅니다.

돈을 '도구'로 여기게 하라

●

"돈을 좋아하시나요?"라는 질문에 "싫어해요!"라고 단호하게 말하는 사람은 드물겠지요. 그런데 한편으로 '돈벌이'에 대해 부정적인 이미지를 가지는 사람도 적지 않습니다. 그런데 돈은 본래 물건이나 서비스와 교환하는 도구일 뿐, 그 이상도 그 이하도 아닙니다. 서양인과 유대인 부자들이 자주 사용하는 격언으로 '돈은 도구다. 도구에 지배당하는 사람은 없다. 따라서 도구는 가능한 한 많이 가지고 있는 편이 좋다'라는 말이 있습니다.

예를 들어 이를 닦을 때는 칫솔이 필요하고, 수프를 먹을 때는 숟가락이 있으면 편리합니다. 그리고 칫솔이나 숟가락을 가지려면 돈과 교환해야 합니다. 돈이 많다는 것은 칫솔이나 식사 등 자신에게 필요한 일을 하기 위한 도구가 많은 것과 같습니다. 반대로 돈이 없으면 이처럼 당연한 일조차 할 수 없습니다. 식사도 만족스럽게 하지 못하고 이도 닦지 못하면 마음도 황폐해지고 맙니다. 그렇게 생각하면 돈은 마음의 여유나 풍요로움과 연결된다고 할 수 있습니다.

보통 우리 가정에 돈 교육이 정착하지 못한 요인 가운데 하나로 돈에 대한 잘못된 이미지를 들 수 있습니다. 돈은 '더러운 것'이 아니라 생활에 필요한 도구이며 그 이상도 그 이하도 아닙니다. 초등학생 때부터 이런 기본적인 가치관을 바르게 심어주세요.

주식에 대해 긍정적인 인식 심어주기

●

이 책을 읽고 있는 여러분이나 여러분의 가족은 몇 살 때 처음으로 주식의 존재를 알았나요? 저는 유치원생 때 조부모님을 통해 들었습니다. 조부모님이 돈에 관해서 서양적인 사고방식을 가지고 계시기도 했고, 제가 어린 시절을 보낸 서양에서는 쓰레기를 버리러 나갔을 때나 유치원 등원 버스가 오는 버스 정류장 앞에서 주식에 관한 잡담을 나누곤 했습니다. "텔레비전도 진화하고 있으니까 ○○사 주식은 오를 것 같구나" "그 회사는 사회에 공헌하는 훌륭한 회사니까 한번 투자해보고 싶어" "요즘 이런 종목에 주목하고 있단다" 하는 이야기를 자주 듣다 보니 어린 저도 자연스럽게 주식의 존재를 알게 되었습니다. 게다가 그냥 이름 정도만 아는 게 아니라 '어떤 회사를 고르는 것이 좋은가?' '좋은 회사란 어떤 회사인가?' 등의 지식도 얻을 수 있었습니다. 그리고 좋은 회사에는 투자자가 모이고, 더 크게 성장한다는 사실도 배웠습니다.

주식을 산다는 것은 단순히 '가격이 오를 것 같은 주식을 사고, 차액으로 돈을 버는 것'이 아니라 어떤 회사에 투자해서 그 회사의 성장을 촉구하는 주주가 되는 일입니다. 이런 인식의 차이가 그 후의 투자 자세는 물론이고 돈에 대한 사고방식 전반에도 큰 영향을 줍니다. 생각이 유연한 초등학생일 때 올바른 지식을 전달해야 합니다.

일단 아이와 함께 주가 차트를 보는 일부터 시작합시다. 숫자로 주가 동향을 보여주면 이해하기 어렵고, 빽빽하게 들어찬 숫자에 알레르기 반응을 보이는 아이도 있을지 모릅니다. 그런 점에서 꺾은선 그래프로 만들어진 차트를 보여주면 가격 동향이 일목요연하게 보여서 좋습니다.

==== 아이와 함께 주가 차트 보기 ====

네이버든 구글이든 상관없습니다. '○○(알고 싶은 회사명) 주식 차트'로 검색하면 차트가 바로 나옵니다. 아이가 좋아하는 상품을 판매하는 기업이나 자주 가는 프랜차이즈 음식점 등 일상에서 접하는 회사면 어떤 회사든 좋습니다. 그 회사의 단기(1일, 5일, 1개월 등)와 장기(1년, 5년, 그 이상) 각각의 가격 동향을 확인합니다.

이때 관련 지식이 풍부한 부모라면 상세한 설명을 해주는 것도 좋지만 복잡한 내용을 한 번에 설명하면 아이가 이해하기 어려워할 겁니다. 우선은 꺾은 선이 오른쪽 위로 올라가 있을 때는 사람들이 주식을 사서 투자를 하고 있는 것이고, 반대로 내려가고 있으면 사람들이 주식을 팔고 있는 상태라는 사실만 알려줘도 충분합니다. 즉, 회사를 응원하는 사람이 늘거나 줄고 있는 상황이라고 생각하면 된다고 말이지요.

그리고 아이가 차트를 보는 데 조금 익숙해지면 "이때 왜 주가가 올라갔을까?" "이때는 왜 내려갔을까?"라고 질문을 던져보는 것도 좋습니다. 차트는 보통 상하 운동을 반복해서 그 궤도는 지그재그 모양이 됩니다. 내려갔을 때가 살 타이밍이라고 생각하기 쉽지만 아무리 고수라도 '지금이 가장 떨어진 때'라고 단언할 수는 없습니다. 차트를 정기적으로 보기만 해도 주가 변동을 예측할 수 없다는 사실을 피부로 느낄 수 있지요. 앞으로의 동향을 정확하게 읽기는 어렵기 때문에 그 회사에 대해 충분히 공부하고 단기와 장기의 가격 동향을 살피는 것이 중요합니다.

아직까지는 아이들이 돈에 관한 의견 교환을 할 자리가 극단적으로 적고, 아이들 앞에서 돈 이야기 자체를 기피하는 풍조가 있습니다. 주식에 관한 설명을 계기로 꼭 가족끼리 돈과 투자에 관한 이야기를 할 기회를 늘려갔으면 하는 바람입니다.

새 물건을 사면 오래된 물건은 버려라

●

어려서부터 물건을 아껴 쓰라는 말을 듣고 자란 사람이 많을 겁니다. 하지만 너무 아낀 나머지 물건이 넘쳐나면 그건 더 이상 '소중한 물건'이 아니라 '버리지 못하는 물건'입니다. 책상이나 자신의 영역을 깨끗하게 정리하면 보기에 좋을 뿐 아니라 자기 물건(=자산)을 제대로 파악할 수 있게 됩니다. 지나치게 많은 물건을 '버리는 용기'를 길러주기 위해서 서양에서는 아이들에게 새 물건을 사면 오래된 물건은 기부하거나 필요한 사람에게 주거나 버리게 합니다. 기부처나 물건을 줄 상대를 찾기가 어려운 상황이라면 집 안에 전용 상자나 봉투를 놓고, 사이즈가 맞지 않게 된 옷이나 신발, 필요 없는 물건이 있으면 그 안에 넣어두기로 규칙을 정하는 것도 하나의 아이디어입니다.

새 물건이 생길 때마다 반드시 오래된 물건을 다시 살펴보도록 아이를 지도해주세요. 아이가 어렸을 때 만든 작품 같은 추억의 물건도 계속 남겨두고 싶은지, 아니면 사진으로 남겨두는 것만으로도 충분한지 아이와 함께 정기적으로 의견을 나눌 기회를 마련합니다. '오래된 물건 정리하기' 습관은 곧 자신의 자산을 현실적으로 파악하고 계획을 세우는 금융·머리로도 이어질 것입니다.

온라인 개인 정보 관리법 교육

●

코로나바이러스의 영향이 더해지면서 온라인 수업이나 온라인 판매 등 생활에 인터넷을 활용하는 범위가 점점 넓어지고 있습니다. 쉽고 간편한 것이 인터넷의 매력 가운데 하나지만 개인 정보를 악용당할 위험성도 존재합니다. 온라인에서 개인 정보를 노출해서는 안 된다는 사실을 어릴 때부터 반복해서 이야기해주어야 합니다.

특히 본인 이름, 부모님 이름, 주소, 생년월일, 학교 이름, 전화번호, 메일 주소, 자기나 가족의 사진, 주민등록번호, 그리고 신용 카드 번호와 비밀번호는 부모의 허락 없이는 어디에도 알려줘서는 안 된다고 철저하게 주의를 줍시다. '개인 정보를 노출하면 안 돼'라고 말하면 아이는 '개인 정보'가 뭘 가리키는지 모르고, 명확하게 선을 긋기가 어렵습니다. 따라서 구체적인 항목을 들어서 설명하는 것이 중요합니다.

개인을 보호한다는 관점에서 인스타그램과 페이스북에서는 13세 미만 어린이의 이용을 허용하지 않습니다. 시간이 있을 때 여러분이 사용하는 소셜 미디어 서비스의 개인 정보 보호 규정을 읽어보시기 바랍니다. 가벼운 마음으로 사용하는 인터넷의 다양한 서비스가 유저들의 데이터를 얼마나 많이 수집하고 있는지를 알고 나면 충격을 받을 겁니다.

아이의 신용 이력을 체크할 수 있는 사이트

1. e프라이버시 클린서비스

한국에는 'e프라이버시 클린서비스'라는 사이트가 있습니다. 이곳
에서 '본인확인 내역 조회', 가입 후 이용하지 않는 사이트에 회원
탈퇴를 요청하는 '웹사이트 회원 탈퇴', 개인 정보를 확인하고 수
정, 삭제, 처리 정리를 요청하는 '개인 정보 열람 등 신청' 서비스를
이용할 수 있습니다(www.eprivacy.go.kr).

2. 애뉴얼 크레딧 닷컴

미국에서는 아이의 신용 이력을 체크할 수 있는 '애뉴얼 크레딧 닷
컴'이라는 사이트를 이용하면 14세 이하 아동의 개인 정보가 노
출되었는지 확인할 수 있습니다. 미국인들은 안이하게 개인 정
보를 공개했다가 누군가가 이를 악용해 쇼핑을 하거나 돈을 인
출해가면 아이와 가족이 신용을 잃게 된다는 사실을 너무나 잘 알기 때문입니다
(AnnualCreditReport.com).

중학생
: 금융 행동을 시작하라

아이 스스로 은행 계좌를 개설한다

●

세뱃돈을 모아두는 아이 명의의 계좌는 아이가 어렸을 때 만들어둔 가정이 대부분일 겁니다. 중학생이 되었을 때 만들어야 할 계좌는 부모가 대신 만드는 아이용 계좌가 아니라 아이 스스로 만드는 계좌입니다.

계좌를 개설하려면 일단 은행부터 선택해야 합니다. "어느 은행에 계좌를 만들고 싶어?"라고 아이에게 물어봅시다. 선택 기준은 다양하겠지만 '입출금의 편리성'과 '금리'가 포인트입니다. 편리성을 생각하면 집에서 가까운 곳에 지점이나 ATM기가 있는 은행이 후보가 됩니다. 또, 인터넷 뱅킹을 이용하는 방법도 있지만 인터넷으로 모든 걸 해결하기보다는 실제 은행으로 발길을 옮겨 입출금을 경험해보는 것이 더 좋습니다. 물론 인터넷 뱅킹도 신청해두면 좋겠지요. 또한 금리가 0.001%인 것과 0.2%인 것은 장기적으로 보았을 때 차이가 납니다. 계산기를 손에 들고 길게 봤을 때 이자가 얼마나 차이 나는지 아이 스스로 계산해보게 합시다.

그런데 이때 중요한 것은 이자를 얻는 것이 아니라 저축을 습관화시키는 데 목표를 두어야 한다는 사실입니다. 아이에게 소액 적금, 혹은 단기 적금(20주, 30주 등)의 상품을 소개해주고 아이가 직접 돈을 모으도록 지도해주세요(이 상품은 초등학생 시기의 돈 교육에도 어울립니다). 중학생이 되면 돈에 대한 이해도가 높아지는 한편 갖고 싶은 물건이 늘어나고, 그 금액도 커집니다. 돈을 모으겠다는 생각이 없으면 용돈을 눈 깜짝할 사이에 모두 써버리게 됩니다. 그런 일을 방지함과 동시에 정말로 원하는 물건을 사기 위해서는 처음부터 스스로 만든 계좌가 필요합니다.

어른에게는 당연해도 이 나이의 아이에게 스스로 만든 계좌는 특별합니다. 자기 계좌라는 사실만으로도 자부심과 책임감이 생기고, 예금을 할 때마다 통장의 금액이 달라지는 걸 보면 웃음이 새어 나올

만큼 매우 즐겁습니다. 매달 조금씩 돈을 모으는 습관이 생길 수도 있습니다. 그리고 스스로 선택한 은행에 계좌를 만들고 자기 돈을 모아본 경험이 돈을 소중히 여기는 마음의 밑바탕이 됩니다.

소액으로 실제 투자를 연습하기
●

앞서 거듭 이야기했지만, 투자에는 리스크가 있습니다. 또, 집안 사정이나 아이의 성격, 적성 등이 천차만별이기 때문에 꼭 몇 살부터 투자를 시작하라고 말하기는 어렵습니다. 그래도 대략적인 기준을 세워보자면 중학생 때 실제 투자를 경험해보는 것이 좋습니다. 물론 이를 시도하기 전에 지금까지 소개한 유치원생, 초등학생일 때 해야 할 일을 완료했다는 대전제가 필요합니다. 그리고 부모가 판단했을 때 '이제 우리 아이가 투자를 경험해봐도 좋겠다'는 생각이 들면 시작해도 좋습니다.

이를 감안해서 일단은 무리가 되지 않는 범위의 금액(소액으로 충분합니다)을 개인주에 투자시켜봅시다. 아이에게 친숙한 상품이나 서비스를 제공하는 회사나 제조원을 조사하고, 인기도 등을 파악해서 투자처를 결정합니다. 1주당 가격을 확인하고 몇 주부터 살 수 있는지도 파악해야 할 포인트입니다. 대개는 100주 단위인데, 1주나 10주부터 살 수 있는 증권회사도 있으니 어떤 증권회사에 계좌를 열지도 함께 생각해보아야 합니다. 미성년 계좌는 0세부터 개설할 수 있지만 그러려면 기본적으로 친권자도 계좌를 개설해놓아야 합니다. 계좌의 거래 상황 등을 관리하고 파악할 수 있도록 ID와 비밀번호도 부모가 관리하게 됩니다. 고등학생이나 대학생이 되어 아르바이트로 수입을 얻게 되었을 때는 아르바이트비와 운용 이익이 소득세 범위를 넘기지 않도록 하는 것도 중요한 포인트입니다. 이를 관리하려면 평소에 운용 이익을 신경 쓰는 습관을 길러야 합니다.

계좌를 개설할 때는 일반 계좌와 특정 계좌를 선택할 수 있습니다. 이때 미리 '원천징수가 있는 특정 계좌'로 해두면 증권회사가 양도 손익을 계산해서 소득세를 원천징수해주기 때문에 세세하게 계산하지 않아도 돼서 편리합니다.

지금까지 투자의 중요 포인트를 나열해보았는데, 일단은 투자를 경험해보는 것이 중요합니다. 때로는 손해를 보는 일도 있겠지만, 그런 리스크를 경험해보는 것 또한 피가 되고 살이 됩니다. 미리 주가가 내려가는 걸 예측하고 생활에 지장이 없는 범위 안에서 투자합시다. 초등학생 단계에서 마음에 드는 기업의 주식 차트를 체크하는 레슨을 소개했는데 여기서는 실제로 자기 돈을 투자하는 것이 좋습니다. 자기 돈을 투자하는 무게감은 다른 때와 비교할 수 없지요. 감수성이 풍부한 아이들에게는 분명 세상을 바라보는 방식이 완전히 달라지는 귀중한 체험이 될 겁니다.

우선은 적어도 10년 동안 같은 금액을 매달 꾸준히 적립하는 일부터 시작합시다. 서양의 많은 아이들은 꾸준히 투자를 거듭해 중간 결과를 흐뭇한 표정으로 확인하고는 합니다. 원금에 따라 다르기는 하겠지만 여기서 얻은 이익금으로 자신이 갖고 싶었던 물건을 사거나, 부모님께 선물을 드리거나, 더 나아가 훗날 회사 창업 자본금에 보탤 수도 있습니다.

아이가 꿈꾸는 직업의 평균 연봉을 찾아보자
●

중학생이 되면 초등학생 때보다 장래의 꿈을 현실적으로 생각하게 됩니다. 개중에는 구체적으로 직업 조사를 시작하는 아이도 있을 겁니다. 좋아하는 분야에서 일하는 것도 중요하지만, 자신이 원하는 분야의 일이 다른 분야의 일과 비교했을 때 대략 어느 정도의 수입을 얻을 수 있는지도 알아두면 아이 나름의 지혜가 생깁니다.

주요 업종의 평균 연봉은 인터넷에 '평균 연봉'이라고 검색만 해도 찾을 수 있습니다. 아이가 하고 싶어 하는 일의 평균 연봉이 낮으면 다른 직업을 권하고 싶은 부모도 있을 테지만 괜한 참견은 하지 말아야 합니다. 이때 중요한 것은 아이가 미래의 직업을 선택하는 데에 있어서 본인의 적성, 시간적 여유, 전망, 업무 자율성 등 여러 가지 판단 기준 가운데 '돈(연봉, 경제적 여유)'이라는 항목을 추가하게 되었다는 것입니다. 아이에게 억지로 부모가 원하는 직업을 주입시키면 역효과가 날 수도 있으니, 연봉을 함께 확인하는 정도로 끝내는 게 좋습니다.

참고로 미국에서는 1938년에 빈곤에서 사람들을 구해내기 위해 최저임금 제도를 도입했습니다. 하지만 그럼에도 불구하고 웨이터의 최저임금은 2달러 13센트(한화 약 2500원). 20세 미만의 젊은이에게는 첫 3개월 동안은 4달러 25센트(한화 약 5000원)만 지불하면 된다고 생각하는 사람이 많습니다. 악덕 기업만 있어서가 아니라 협상 문화가 뿌리내리고 있기 때문입니다. 최저임금은 낮지만 자기 성과 등을 고려해 적당한 대가를 받기 위해 스스로 협상하는 것이 당연하게 여겨집니다. 또 평균 연봉을 시작으로 그 직종의 최저임금과 최고임금, 동세대의 월급 등도 조사해보면 직업에 대한 이해가 더 깊어질 겁니다.

오늘날에는 재해 등의 긴급 상황에 잘 대응해주는 직종인지 역시 중요한 기준이 됩니다. 코로나바이러스의 영향으로 내 집 마련을 위한 장기 대출금을 안고 있는 사람은 누구나 불안을 느낄 겁니다. 이런 상황에서 과거부터 불황에 강하다는 말을 들어왔던 공무원은 더욱 각광받고 있습니다.

그렇다고 무조건 공무원만 생각할 것이 아니라 '어떤 시대가 되더라도 살아남을 수 있는 직업은 무엇인가?'를 아이 스스로 생각해보게 하는 것이 중요합니다. 또, 목표로 하는 직업이 사회 변화에 크게 좌우되는 직종이라면 유사시를 대비해서 저축을 해두어야 한다는 사실도 알려주어야 합니다. 석유 파동, 버블기의 도래, 버블 붕괴, 리먼 쇼크, 태풍 또는 코로나바이러스 등 원하든 원하지 않든 경제에 영향을 주는 사건은 끊임없이 일어납니다. 장래에 하고 싶은 일에 대해 생각하는 일은 미래의 생활을 생각하는 일입니다. 아이와 다양한 관점에서 직업에 관한 이야기를 나눠보시기 바랍니다.

카드 값 연체의 위험성을 강조하라
●

중학생이 되면 신용 카드에 관해 조금씩 알게 됩니다. 사용하지는 않더라도 보고 들을 기회가 많아지는 시기이지요. 아이에게 카드를 만들어주기 전에 알려주어야 하는 것이 있습니다. 바로 '정보는 남는다'는 사실입니다.

만일 아이가 당장 지불할 수 없는 금액의 물건을 사서 납기일에 카드비가 빠져나가지 못하면 어떻게 될까요? 당연히 금융기관의 블랙리스트에 오르게 됩니다. '돈을 빌려도 갚지 못하는 사람, 카드 값이 연체된 사람'이라는 '오명'이 남지요. 그러면 은행에서 대출을 받기도 쉽지 않습니다. 블랙리스트에 오르면 벌금으로 수수료와 이자도 지불하게 됩니다. 10만 원이면 끝날 일이 10만 500원, 10만 1,000원으로 쌓여서 본래 갚아야 할 금액의 배가 되는 일도 충분히 생길 수 있습니다.

신용 카드는 편리하기 때문에 아이에게 그 위험성을 더욱 철저하게 주지시켜야 합니다. 또 대부분은 그러지 않겠지만, 신용 카드를 아이에게 줄 때 '뭐든 원하는 만큼 살 수 있는 마법의 카드'인 것처럼 건네주어서는 안 됩니다. 카드를 생각 없이 사용하게 하면 아이가 참거나 스스로 돈을 모아서 물건을 살 권리까지 빼앗게 되는 꼴이 될 수도 있기 때문입니다. 아이에게서 귀중한 성장의 기회를 빼앗아서는 안 됩니다.

온 가족이 함께 하는 물건 가격 맞추기 게임
●

평소 가족들과의 식사 시간은 아이와의 대화의 장으로써 중요한 역할을 하는데, 외식을 할 때도 다양한 배움의 기회가 있습니다. 그 가운데도 가장 추천하고 싶은 것은 식사비를 맞추는 게임입니다. 특정 메뉴 한 가지 혹은 가족이 먹은 모든 메뉴와 음료수의 가격을 예상해 보는 놀이입니다.

규칙은 가정에서 자유롭게 정하면 되는데요. 메뉴판의 금액을 손으로 가리면서 주문하는 것이 어렵다면, 아무도 주문하지 않은 메뉴의 가격을 맞추는 식으로 진행해도 상관없습니다. 어떻게 하든 메뉴의 이름이나 사진을 보고 사용된 재료와 들어가는 노동력을 생각하는 것은 물론이고, 가게의 입지, 인테리어, 분위기 등도 고려해야 합니다.

시판 커피를 예로 들자면 편의점에서는 1,000원 정도면 커피를 마실 수 있지만 스타벅스에서 파는 커피의 가격은 그 3배 이상입니다. 그렇다고 스타벅스 커피가 훨씬 더 맛있느냐 하면 그렇지도 않습니다. 취향의 차이는 있겠지만 분명하게 우열을 가리기는 어려울 것 같습니다. 하지만 편의점에 비해 가격이 비싼 스타벅스 커피를 선호하는 사람이 많습니다. 셀프서비스로 이용하는 것이 아니라 직원이 내려준 커피를 편안하고 느긋하게 마실 수 있고, 무엇보다 유명합니다. 스타벅스 커피를 테이크아웃해서 한 손에 들고 출근하는 것을 일종의 사회적 지위로 느끼는 사람도 있을지 모릅니다. 그것 역시 가게의 가치이며 편의점보다 3배 이상 비싼 가격을 붙이는 요인 가운데 하나라고 할 수 있습니다.

상품 가격을 매기는 데는 다양한 요소가 고려됩니다. 처음에는 한 가지 메뉴의 가격, 익숙해지면 세트 메뉴, 그리고 가족 전체의 식사 비용으로 점차 범위를 확대하다 보면 평소에도 어떤 상품을 접할 때마다 가격의 배경을 상상할 수 있게 됩니다. 만약 가능하다면 몇 개월에 한 번이라도 좋으니 평소보다 고급스러운 가게에서 온 가족이 외식을 해보기를 바랍니다. 좀 전에 이야기한 편의점과 스타벅스 커피도 그렇지만 같은 메뉴라도 가게에 따라서 가격 차이가 있습니다. '왜 이렇게 가격이 다를까?'라는 궁금증이 생기면 가격 정하기에 더욱 흥미를 가지게 될 겁니다.

몇 가족이 모여서 외식을 하러 갈 일이 있다면 아이들과 함께 '음식값 맞추기 게임'을 해보는 것도 추천합니다. 자기 가족의 식사비를 맞추는 방식, 혹은 상대 가족이 주문한 음식의 가격을 서로 맞춰보는 것도 좋습니다. 가족끼리 의견을 주고받으면서 진행하면 생각지도 못한 포인트가 보여서 흥미진진할 겁니다.

물건을 사기 전에 비교하는 습관 들이기
●

텔레비전, 잡지, 라디오, 인터넷 등 미디어에는 온갖 광고가 흘러넘칩니다. 트위터나 유튜브에는 제3자에 의한 '이 제품은 이렇게 좋았어요!' 하는 식의 간접적인 정보도 많습니다. 마치 소비자가 솔직한 체험담을 올린 것처럼 보이지만 사실은 기업에서 광고비를 받고 올린 케이스도 있을 겁니다. 그것이 판매자 측의 선전 문구인지 아니면 소비자의 진짜 감상인지를 신중하게 구분해야 합니다. 얼마 안 되는 소소한 물건이라면 선전 문구에 이끌려 구입했다가 실패하더라도

'속았네' 하고 혀를 차는 정도로 끝날지 모릅니다. 그런데 만약 구입한 물건이 고가의 제품이라면 어떨까요?

돈은 물건 혹은 어떤 가치와 교환하는 도구이기 때문에 목적을 가지고 사용해야 의미가 있습니다. 그런데 사용 방법이 잘못되면 본전까지 잃고 맙니다. 정보가 넘쳐나는 현대사회에서는 '비교하는 능력'이 반드시 필요합니다.

그런 의미에서 추천하고 싶은 방법이 '선물 사기'입니다. 본인이나 가족, 혹은 친구 생일에 살 물건을 아이와 함께 골라봅시다. 이때 네이버, 쿠팡, 아마존 등 소비자의 리뷰를 볼 수 있는 사이트를 이용하시기 바랍니다. 예산과 살 물건의 종류(장난감, 식품, 화장품, 주방용품 등)를 정해놓고, 아이와 가족 각자가 사이트를 확인합니다. 리뷰를 참고하면서 괜찮아 보이는 물건을 발견하면 이번에는 서로 그 상품을 고른 이유와 장점을 설명합니다. 프레젠테이션을 하는 것이지요. 마음에 쏙 드는 물건이 없으면 가격이나 종류를 변경해서 다시 도전합니다.

선물 고르기의 목적은 정답을 찾는 것이 아니라 다양한 정보를 자기 나름대로 자세히 조사하고 하나를 골라보는 경험을 하게 하는 것입니다. 처음에는 쇼핑몰 하나에서 도전하고, 익숙해지면 사이트를 늘려서 사이트별 가격 차이 등도 살펴보게 합시다. 익숙해지면 수수료나 배송비에도 주목합니다. 인터넷에서 주문해서 배송을 받는 것과 물건을 사러 직접 가게에 다녀오는 교통비와 시간도 저울질할 수 있게 되면 한 사람 몫을 하는 겁니다.

돈이 아무리 많아도 물건을 제대로 고르지 못하면 자산은 점점 줄어듭니다. 서양의 부자들은 물건을 잘 고릅니다. 어려서부터 아이와 물건 고르기 훈련을 해보시기 바랍니다.

부모가 가입한 보험 상품 공유하기

●

집을 사면 화재보험이나 지진보험에 가입하고, 자동차를 사면 자동차보험에 가입합니다. 이는 미래에 일어날지 모르는 불행한 사건으로부터 자신을 지키기 위한 대비책입니다. 예전에 영국의 인기 축구 선수인 데이비드 베컴이 다리에 거액의 보험을 들었다는 보도가 나왔었는데요. 서양에서는 보험을 매우 중요하게 생각해서 온갖 손해에 대비하는 보험을 듭니다.

투자가 미래의 메리트를 위한 것이라면, 보험은 미래의 디메리트에 대비하는 것입니다. 두 가지 모두 어려서부터 그 구조를 배워둬서 손해 볼 일은 없습니다. 일단 아이에게 가정에서 어떤 종류의 보험에 가입했는지 알려줍시다. 실비 보험, 어린이 안전 보험 등 뿐만 아니라 자동차를 구입하면 의무적으로 가입해야 하는 자동차 보험에 관해서도 꼭 이야기해주시기 바랍니다. 자기도 모르는 사이에 어떤 보험 시스템을 통해 보호받고 있는지, 그리고 보호를 받기 위해서 가족들이 어느 정도의 금액을 지불하고 있는지를 아이에게 알려주는 겁니다. 자신과 관련된 일이기 때문에 관심이 생길 겁니다.

만약 이렇다 할 보험이 없다면 화재보험처럼 주택 관련 보험이라도 상관없습니다. 집이 어떤 사고나 재해로 피해를 입었을 때 도움을 받을 수 있는지, 혹은 어떤 트러블이 일어났을 때 도움을 받을 수 있는지 등 자세한 사항은 어른도 모를 수 있는데 이번 기회에 아이와 함께 보험 내용을 확인해보면 어떨까요? 인터넷을 검색하면 보험에 관한 무수히 많은 정보가 나오지만, 그것은 어디까지나 표면적인 정보에 지나지 않습니다. 자기 자신과 관련이 있는 것이라고 느껴야 비로소 진지하게 배울 수 있습니다.

인플레이션을 고려해서 외화 사기

●

모든 물건의 가격은 시간과 함께 상승합니다. 이를 인플레이션이라고 말하는데, 앞으로 아이가 자산을 지키고 늘려가기 위해서는 반드시 알아두어야 하는 현상입니다.

일본의 경우를 예로 들면, 1964년 도쿄 올림픽 당시 대졸 초임은 2만 1200엔(한화 약 21만 2,000원)이었습니다. 그리고 당시의 국철(현 JR)의 기본 운임은 10엔(한화 약 100원)이었습니다. 지금은 140엔인 걸 생각하면 50년 정도의 시간이 흐르는 사이에 돈의 가치는 10분의 1이 되었다고 할 수 있습니다. 또한 '지상 낙원'이라고 불리던 베네수엘라에서 일어난 하이퍼인플레이션(Hyper inflation)이 떠오릅니다. 베네수엘라는 세계 1위의 석유 매장량을 자랑하는 나라입니다. 5년 전까지만 하더라도 국내총생산(GDP)이 1만 2000달러를 넘었는데, 고작 1년 만에 물가가 10배로 뛰어올라 300%의 인플레이션율을 기록했습니다. 그 결과 빵 한 개를 사는 데 현금 한 상자를 들고 가야만 하는 사태가 벌어지기도 했습니다. 이 정도는 아니지만 일본에서도 도쿄 올림픽 때 인플레이션율이 27.5%나 되었고, 독일과 영국 역시 이와 같은 변동을 경험했습니다.

최근에는 코로나바이러스가 확산되면서 한때 마스크 가격이 폭등하는 사태가 벌어지기도 했습니다. 돈의 가치는 계속해서 변하고 있고, 앞으로 하이퍼인플레이션이 절대로 일어나지 않을 거라는 보장은 없습니다. 별다른 일이 없는 한 우리보다 긴 시간을 살아갈 아이들에게도 이 사실을 꼭 알려주어야 합니다. 그리고 만약 가능하다면 외국의 통화, 특히 '미국 통화=달러'를 사는 경험을 시켜주시기 바랍니다. 그럼 자국의 통화 이외에 외국의 통화를 소유함으로써 시야도 넓어지고 외국에 대한 흥미도 생길 겁니다. 또 외화를 구입할 때는 2장에서 소개한 '달러 비용 평균법' 테크닉을 바탕으로 조금씩 구입해볼 것을 추천합니다.

　가격과 상관없이 조금씩 계속해서 구입하면 단기적으로 달러 가격이 급락해도 손실을 경감시킬 수 있습니다(물론 경험 차원에서 소액을 한 번만 구입하는 것도 괜찮습니다). 가정에서 할 수 있는 최선의 인플레이션 대응책은 리스크를 분산시키는 것입니다. 이 지식을 익히면 주식이나 부동산 등의 투자에 도전할 때도 도움이 됩니다.

고등학생 : 20세 이후의
구체적인 금융 플랜 세우기

대학 진학을 위한 자금 준비를 시작하라

서양, 특히 미국의 교육 전문가들은 대학 학비를 부모가 모두 부담하는 가정과 아이가 조금이라도 보태는 가정의 아이는 평균 학점이 다르다고 말합니다. 그 원인 가운데 하나는 학비를 보태는 만큼 아이가 적극적으로 배우려는 태도를 보이기 때문입니다. 부모에게 금전적인 여유가 있든 없든 4년제, 2년제, 전문대 등에 진학할 때 각각 어느 정도의 비용이 드는지를 아이가 확실히 알도록 해야 합니다. 그리고 단순히 금액만 보여줄 것이 아니라 그것을 어떤 식으로 지불할지도 함께 이야기하는 게 좋습니다. 학자금 보험이나 정기 예금으로 미리 준비해두었다면 그 이야기도 반드시 해주시기 바랍니다.

대학에 진학하면 학비 외에도 돈이 들어갑니다. 이 나이가 되면 생활하는 데 들어가는 다양한 비용에 대해서도 알아두어야 합니다. 그리고 자신이 부담할 몫의 학비를 아르바이트를 해서 벌 것인지, 아니면 학업을 우선으로 하고 저축해둔 돈으로 지불할 것인지 본인 스스로 계획을 세우게 합시다.

'돈 이야기를 하면 정신적인 부담이 되지 않을까' 걱정이 되기도 하겠지만, 지금까지 설명한 것처럼 돈 이야기야말로 가족이 공유해야 할 중요한 주제입니다. 물론 대학 진학에는 만만치 않은 비용이 들어가기 때문에 결국 부모가 대부분을 마련하게 될 겁니다. 하지만 그것이 어느 정도의 금액이고 어떻게 번 돈을 지불하는 것인지를 아는 아이와 모르는 아이는 마음가짐이 다르기 마련입니다. 돈을 번 과정과 지불 과정을 아는 아이는 부모에게 감사하는 마음이 생길 겁니다.

용돈에 소득세를 부여하라
●

돈 교육을 할 때는 세금에 대한 이야기도 빠트려서는 안 됩니다. 고등학생쯤 되면 한층 심화된 지식이 필요합니다. 그런데 세금의 종류나 구조를 일방적으로 설명하면 머리에 잘 들어가지 않을뿐더러 한창 사춘기인 아이들이 순순히 들어줄지도 의문입니다. 그렇다면 용돈에 소득세를 부여해보면 어떨까요?

세율은 미리 상의해서 정하는 게 좋은데, 예를 들어 10%로 정했다면 한 달 용돈이 5만 원일 경우 5,000원을 부모에게 지불하는 겁니다. 그리고 그 5,000원의 세금은 한 군데에 따로 보관해두고 학용품이나 아이 방에 장식할 잡화나 가구, 동아리활동에 필요한 도구 등 필요한 물건을 살 때 보태는 시스템입니다.

실제 세금도 경찰이나 구급차, 미술관, 공원, 쓰레기 처리 등 생활에 필요한 것을 위해 사용됩니다. 어른들도 '세금 따위 없었으면 좋겠다'고 생각할 때가 있지만 세금은 역시 없어서는 안 될 사회 시스템입니다. 캘리포니아 주에서는 '세금은 낮은 편이 좋다'는 의견이 거세지면서 세금을 낮추는 법률이 통과된 적이 있는데, 그 결과 경찰관을 고용할 수 없게 되었습니다. 우리나라 국세청에 해당하는 미국 IRS(Internal Revenue Service) 입구에는 이런 문장이 새겨져 있습니다.

"Taxes are what we pay for a civilized society(세금은 문명사회의 대가이다)."

– 올리버 웬델 홈스

세금은 사회 시스템을 지탱하는 토대와 같습니다. 한편 18세기 후반에 일어난 미국 독립전쟁은 모국이었던 영국이 행한 부당한 과세에 대한 불만이 그 계기가 되었습니다. 아무 생각 없이 세금을 낼 것이 아니라 '금액이 얼마이고 무엇을 위해 지불하는가?'를 이해하고 있으면 필요 이상의 세금을 내지 않는 지혜를 발휘할 수 있게 됩니다. 서양의 부자 가운데 세금에 관심이 없는 사람은 단 한 사람도 없습니다.

아이의 일생을 좌우할 신용 점수

●

중학생 파트에서 카드 연체 블랙리스트 오명과 벌금에 관한 이야기를 했는데, 아이가 고등학생이 되면 여기서 한발 더 나아가 신용 점수에 관해 가르쳐야 합니다. 신용 점수란 금융 기관에 기록되어 있는 고객 개개인의 신용도입니다.

서양에서는 아파트 주인이 세입자의 신용 점수를 요구하는 경우가 많고, 신용도에 따라 돈을 빌릴 때 이자가 높아지기도 합니다. 한국 역시 서양처럼 신용 점수가 공개되어 있고, 신용 등급에 따라 대출 가능 금액과 이자가 달라집니다. 그리고 마치 무슨 비밀 점수라도 되는 양 금융기관에서만 조회할 수 있습니다. 신용 점수는 다음의 다섯 가지 요소로 계산됩니다. 이 정보는 각 금융 기관이 공유합니다.

==== 신용 점수를 계산하는 다섯 가지 요소 ====

• 청구서 지불 이력
• 대출 한도액 가운데 현재 대출 금액의 비율
• 신용 카드 이용 기간(년)
• 대출 종류(학업~신용 카드)
• 과거 1년 동안 작성한 대출 신청서 숫자

예를 들어 건강 보험료나 주택 대출에 미지불금이 있거나 연장을 했거나 수입이 불안정하거나 부부 공동 명의로 주택 대출을 받았다고 해도 어느 한쪽에 리볼빙(Revolving, 일부 결제 금액 이월 약정) 등 신용 카드 사용 이력이 있으면 쉽게 돈을 빌릴 수 없습니다. 더구나 요즘 은행은 돈을 쉽게 빌려주지 않는 경향이 있기 때문에 신용 점수가 떨어지는 것은 치명적이라고 할 수 있습니다. 괜한 공포감을 조성하는 것 같지만, 신용 카드를 제대로 이용하고 돈을 제때에 갚아야 한다는 사실을 인지하고 있어야 신용 점수를 올릴 수 있습니다.

💰 아이의 신용 점수에 영향을 주는 요인들

	플러스 요인	마이너스 요인	부모의 점수에까지 영향
체크 카드	없음	없음	없음
가족 회원용 신용 카드	있음	경우에 따라 다름	있음
연대 보증인이 있는 신용 카드	있음	있음	있음
아이 명의의 신용 카드	있음	있음	없음

💰 아이에게 신용 점수의 중요성을 일깨워주는 부모의 말

- "신용 카드를 사용하면 납기일까지 사용 금액을 지불해야 한단다."
- "분수에 맞지 않는 소비는 하면 안 돼."
- "돈은 소중히 다뤄야 한다."
- "개인 정보를 잘 지켜야 해."

수수료의 개념을 상기시켜라

●

은행 예금이나 증권 회사를 통한 투자에 항상 따라오는 것이 있습니다. 바로 '수수료'입니다. 편의점이나 은행에서 돈을 입금하면 보통 입금 수수료가 발생합니다. 택배를 시킬 때는 배송료가 들고, 집을 살 때 부동산에 집을 소개받으면 중개인 수수료가 듭니다. 세무 처리나 각종 신고를 담당하는 세무사에게 지불하는 고문 비용이나 계산 비용, 컨설턴트가 받는 컨설턴트 비용 등도 수수료의 일종이라고 할 수 있습니다.

수수료는 물건의 가격이 아니라 수고한 사람에게 주는 사례비라고 생각하는 편이 좋을지도 모릅니다. 그런데 '사례'라고 하면 왠지 좋게 들릴지 모르지만 이것 역시 엄연한 비용입니다. 수수료의 가치를 자각하고 있으면 아무런 문제가 없지만 금액이 저렴하다고 해서 아무렇지 않게 수수료를 지불하다 보면 쌓이고 쌓여서 커다란 금액이 될 수도 있습니다. 은행에서 영업시간 외에 돈을 입출금 할 때 드는 약간의 수수료도 비용입니다. 돈을 모으는 경우든 사용하는 경우든 수수료도 포함한 비용을 생각해야 한다는 사실을 아이에게도 알려주어야 합니다.

인생에서 가장 중요한 투자는 자기 계발

●

지금까지 어려서부터 돈 교육을 받고 투자 경험을 해야 하는 이유를 설명했습니다. 그런데 투자 대상은 비단 주식이나 외환, 채권에 국한된 것이 아닙니다. 자기 자신에 대한 투자 역시 중요합니다.

자산을 키우고 돈의 속박에서 자유로워지려면 금융 상품에 대한 투자가 그 열쇠가 된다는 사실은 틀림이 없습니다. 하지만 이것들은 모두 내가 제어할 수 있는 것이 아닙니다. 내가 열심히 한다고 해서 주식이 올라가지는 않지요. 주식 동향은 어찌할 수가 없습니다. 보유하고 있는 주식이 크게 올라 자산이 늘어날 때가 있는가 하면, 운 나쁘게 하룻밤에 휴지 조각이 되어버리기도 합니다. 이를 개인이 조절하는 것은 불가능합니다.

한편 자기 계발은 스스로의 의지로 손에 넣을 것의 양과 질을 선택할 수 있고, 한번 손에 넣으면 웬만해서는 잃지 않습니다.

'재산은 빼앗기거나 잃을 수 있어도 경험과 지혜는 빼앗을 수 없다.'

제가 어린 시절 돈 교육을 시켜주신 할아버지와 부유한 유대인들에게 수없이 들은 말입니다. 당신에게 빚이 있다면 수중에 있는 돈이나 은행 예금, 부동산 등의 자산을 박탈당할 가능성은 있어도 지혜와 경험은 박탈할 수 없습니다. 아이에게 이처럼 '빼앗을 수 없는 자산'을 손에 넣기 위한 자기 계발도 제안해보시기 바랍니다.

그런데 자기 계발이라고 해서 꼭 거액의 돈을 들일 필요는 없습니다. '맛있는 음식을 만들 수 있다' '글씨를 예쁘게 쓸 수 있다' '특정 스포츠를 다른 사람에게 가르쳐줄 수 있다' '외국어를 할 수 있다' '어른

못지않게 잘 아는 특정 분야가 있다' 등 뭐든지 좋습니다. 학교나 학원 공부와는 다른 자신만의 취향과 강점을 발견한다면 어른이 된 후에도 아이 인생을 지탱하는 든든한 기둥이 되어줄 겁니다.

친구가 돈을 빌려달라고 한다면?

●

"친구끼리 돈을 빌리거나 빌려주면 안 돼."

대부분의 부모는 자녀가 친구들끼리만 놀러 가게 되었을 때 이런 식의 주의를 줄 겁니다. 초등학생 때는 엄마 아빠의 영향을 많이 받고, 돈이 필요한 놀이를 하는 경우도 거의 없습니다. 하지만 고등학생이 되면 부모와의 거리가 조금 멀어지고 친구들과의 인간 관계가 복잡해질 뿐 아니라 돈이 필요한 놀이를 알게 됩니다. 부모님께 차마 말하지 못하는 비밀을 털어놓을 수 있는 친구도 생기고, 독립심도 싹틉니다. 그럴 때 허물없이 지내는 친구가 돈을 빌려달라고 하면 아이는 어떻게 할까요? 십중팔구는 빌려줄 겁니다.

그런데 성인이라면 이미 누구나 알고 있듯이 돈 거래는 때로 인간 관계를 망칩니다. 겨우 주스 한 팩 값이라고 해도 빌려준 사람은 잊어버리지 않습니다. 한편, 적은 돈일수록 빌린 사람은 가볍게 생각해서 잊어버리기 쉽습니다. 얼마 안 되는 금액이기 때문에 빌려준 쪽에서 먼저 갚으라는 말도 못 하고 찜찜한 마음만 부풀어갑니다. 처음에는 사소한 불만이었을지 모르지만 시간이 지나면서 틀림없이 우정에 작은 균열이 생길 겁니다. 금액이 큰 경우는 물론이고 아무리 작은 금액이어도 친구끼리 돈을 빌리고 빌려주는 것은 위험하다는 사실을 아이에게 미리 알려주어야 합니다.

그리고 만에 하나 돈을 빌렸을 때는 부모님께 이야기해서라도 당일, 혹은 늦어도 다음 날까지는 갚도록 가르칩시다. 지금까지 돈 교육을 받아온 아이라면 돈을 장기간 빌릴 경우, 원래대로라면 이자를 지불해야 한다는 사실을 알 겁니다. 친구와의 돈거래에 관해서 미리 못을 박아두는 것은 일종의 리스크 매니지먼트라고 할 수 있습니다.

보험료 일부를 부담해보기

●

'중학생' 파트에서 주변에서 쉽게 찾아볼 수 있는 보험에 관해 가르쳐주라고 했는데, 고등학생 자녀는 한 단계 더 올라가야 합니다. 자기 보험료의 일부를 부담하게 하는 겁니다. 금액은 매달 5,000원 정도면 충분합니다. 보험이라고 한마디로 뭉뚱그려 말했지만 보험의 종류는 학자금 보험, 생명 보험, 의료 보험, 상해 보험 등 매우 다양합니다. 보험을 고를 때의 포인트는 아이와 관련된 보험을 고르는 것입니다. 특별한 보험에 가입하지 않은 가정이라면 자전거 보험에 눈을 돌려보는 것도 좋습니다.

인터넷에서 저렴한 가격에 손쉽게 가입할 수 있고, 자동차 보험에 옵션으로 들어가 있는 경우도 있기 때문에 자기도 모르는 사이에 가입되어 있을지도 모릅니다. 보장 내용은 상품에 따라서 천차만별이지만 자전거 사고로 인한 아이 본인의 부상뿐 아니라 상대방에게 부상을 입히거나 물건을 부쉈을 때도 적용되는 것이 주류를 이룹니다. 스스로 보험료 일부를 부담함으로써 매달 지불하는 보험료가 자신을 어떤 것으로부터 지켜주는지 진지하게 생각하게 될 겁니다.

기부나 봉사를 타인에게 강요하지 말 것

●

앞에서 유치원 때부터 누군가를 위해 저금을 하거나 기부를 하도록 가르치라는 이야기를 했습니다. 이런 교육을 받고 자란 아이는 고등학생 정도가 되면 자발적으로 기부나 봉사 활동을 할지도 모릅니다. 그것 자체는 훌륭한 일이지만 여기서 한 가지 더 가르쳐야 할 것이 있습니다. 바로 기부나 봉사를 다른 사람에게 강요해서는 안 된다는 사실입니다.

자신이 옳다고 생각하는 사람일수록 다른 사람에게도 엄격해지는 경향이 있습니다. '왜 기부를 안 하는 거야?' '봉사활동을 하는 건 당연한 거지' '곤경에 처해 있는 사람을 돕지 않는 게 이상한 거야' 등 틀린 말을 하는 건 아닙니다. 그런데 때로는 옳은 말이 상대방에게 더 큰 타격을 줍니다.

사람들은 저마다 다른 환경에 놓여 있습니다. 매일 얼굴을 마주하는 친구라도 가정 형편이나 경제 상황까지는 알 수 없습니다. 같은 만 원이라도 부자의 만 원과 풍족하지 않은 가정의 만 원은 그 무게감이 전혀 다르다는 사실을 미리 알려주어야 합니다.

10대를 대상으로 가난한 나라에서 '의료 봉사 돕기' '공부 도와주기' 등의 봉사를 기획하는 자선 단체가 아주 많습니다. 미국에는 특히 많은데, 비싼 요금을 지불하면 자연이 아름다운 해외에서 봉사 활동 경험을 할 수 있다고 광고하기도 합니다. 본래 사회봉사 활동은 수익의 대부분은 자선 목적으로 사용됩니다. 하지만 이런 조직 가운데는 의식 있는 젊은이들을 타깃으로 투어 비즈니스를 만들고, 거기서 수익을 얻는 곳도 있습니다. 아이 몇 명을 '바람잡이'로 투입해 거짓 연기를 하게 하고, 도움을 주러 간 학생들에게 가짜 봉사활동을 시키는 악덕 기업도 있습니다.

고등학생이 된 자녀에게 기부나 봉사는 좋은 문화지만 좋은 일이라며 일방적으로 강요하는 것은 좋지 못하다는 사실과 겉으로 보기에 좋아 보이는 일에도 이면이 있을 수 있다는 사실을 가르쳐줍시다.

176

내 아이에게 맞는 아르바이트를 고르는 방법

●

고등학생이나 대학생이 되면 아르바이트를 하기 시작하는 아이도 있을 겁니다. 아르바이트라고 하면 왠지 가벼운 느낌이지만 아이에게는 실제 사회생활을 해보는 귀중한 경험입니다. 스스로 번 돈은 '용돈'과는 전혀 다른 무게감을 가집니다. 게다가 아르바이트하는 곳이 장래에 목표로 하는 기업이나 업종이라면 남들보다 한발 앞서서 일을 배울 수도 있습니다. 회사 임원이나 중심인물에게 일솜씨를 인정받아 특별 수당을 받거나 취업 활동에 플러스가 되는 케이스도 종종 있습니다.

장래에 하고 싶은 일을 정하지 못했거나 원하는 직업과 관련된 아르바이트를 찾지 못했다면 '커뮤니케이션 능력'을 기를 수 있는 아르바이트나 돈의 흐름을 알 수 있는 아르바이트를 추천합니다. 어떤 일을 하더라도 기본이 되어야 할 중요한 능력이기 때문입니다. 전자에 해당되는 것은 예를 들어 단체 모임을 돕거나 온라인 세미나의 MC, 대규모 주택 전시장이나 신축 아파트 모델 하우스에서 아르바이트를 하는 것을 들 수 있습니다. 현장 분위기를 읽는 힘과 처음 보는 가족이나 아이들을 대하고 설명하는 경험을 할 수 있습니다. 또한 공항 카운터 스태프나 안내 스태프가 되면 여러 나라 사람들을 만날 기회를 얻을 수 있고, 자연스러운 대응 방법과 커뮤니케이션 능력을 기를 수 있습니다.

조금 특수한 아르바이트이기는 하지만 텔레비전 방송의 엑스트라를 경험해보는 것도 추천할 만합니다. 저도 조금 경험해보았는데 평소에 보지 못하는 방송 제작의 뒤편을 엿볼 수 있었을 뿐 아니라, 스태프나 배우들과 원활하게 커뮤니케이션하는 방법도 배울 수 있었습니다.

돈의 흐름을 알 수 있는 아르바이트로는 회계사나 세무사 업무 보조, 기업의 경리 보조, 경리 대행 등이 있습니다. 영수증 보관이나 입력 등의 사무 작업을 하면서 매상과 지출, 세금, 경비, 인건비 등 회사에서 돈이 어떻게 움직이는지를 배울 수 있습니다.

그뿐 아니라 경영자의 납세 신고를 담당하면 법인과 개인의 차이를 알게 되고, 직원에게는 돈을 쓰지 않으면서 임원에게만 돈을 쓰는 회사, 반대로 직원에 대한 복리후생이 잘 되어 있는 회사 등 각 회사의 내부 사정뿐 아니라 사장의 경영 마인드까지 돈의 흐름과 함께 느낄 수 있습니다.

단, 부모도 아이도 명심해야 할 부분은 학생의 본분은 공부라는 점입니다. 집안 사정 때문에 꼭 필요하다면 모르겠지만 여유가 있다면 아르바이트는 여름방학 등 장기간 쉴 수 있는 기간에만 한정적으로 하고, 학기 중에는 학업에 전념하는 편이 좋습니다. 제 경우를 예로 들면, 제 아들은 미국 대학에 진학하고 싶어 해서 고등학교 시절에 유학

비용의 일부를 벌기 위해 편의점 아르바이트를 꾸준히 했습니다. 공부만으로도 힘들었을 수험생이 잠자는 시간을 줄이면서까지 아르바이트를 하는 모습을 보면서 부모로서 안타까운 마음이 들었던 기억이 납니다. 아들은 결국 미국 대학에 진학해 유명 IT기업의 경영자와도 거리낌 없이 대화할 수 있는 자유로운 환경에서 배우고, 졸업 후에는 유명 증권 회사에 취직했습니다. 지금은 거의 30대가 되어가는 나이인데 아이와의 시간을 최우선으로 생각하고 싶다며 퇴직한 뒤, 투자 운영 수익으로 유유자적한 생활을 하고 있습니다.

본인에게 고등학교 시절 이야기를 꺼내면 꿈이 있었기 때문에 힘들지 않았다고 하는 걸 보니 의욕만 있으면 학업과 아르바이트를 병행하는 것도 나쁘지 않은 것 같습니다. 물론 부모 입장에서는 걱정이 되지만 말입니다.

만 6세부터 가능한 투자 시뮬레이션 게임

만약 부모가 투자를 경험한 적이 없다면 갑자기 아이에게 투자를 경험시키기가 어려울 겁니다. 그래서 제안하고 싶은 것이 가족끼리 놀이하듯 즐길 수 있는 투자 시뮬레이션 게임입니다. 우선 아이에게 만 원짜리 지폐 세 장을 줍니다. 물론 만 원짜리 지폐라는 설정만 하면 되기 때문에 실제 지폐를 준비할 필요는 없습니다. 이것이 수중에 있는 자산입니다. 또 이 돈은 투자용이기 때문에 세 장 모두를 투자에 사용하는 것이 규칙입니다.

1. 힌트 주기

"전 세계적인 바이러스의 유행으로 집에서 생활하는 시간이 길어졌습니다."

2. 투자처 고르기

투자처 ①	투자처 ②	투자처 ③
(자동차 회사)	(게임기 회사)	(과자 회사)

힌트를 준 후, 이제 아이에게 투자처를 보여주고 고르게 합니다. 위의 세 가지 투자처 가운데 어디에 얼마를 투자할지 아이에게 선택하게 합니다. 한 회사에 3만 원을 모두 투자해도 되고, 만 원씩 분산 투자해도 됩니다. 마지막으로 부모가 세 개의 투자처의 주식이 앞으로 어떻게 될지와 그 이유를 정합니다. 이번에는 투자처 2번이 가장 값이 올랐다고 가정해봅시다.

3. 아이와 주가 순위 매기기

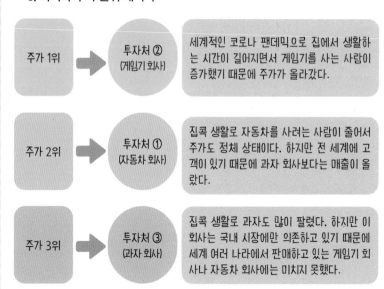

주가 1위 ▶ 투자처 ② (게임기 회사)
세계적인 코로나 팬데믹으로 집에서 생활하는 시간이 길어지면서 게임기를 사는 사람이 증가했기 때문에 주가가 올라갔다.

주가 2위 ▶ 투자처 ① (자동차 회사)
집콕 생활로 자동차를 사려는 사람이 줄어서 주가도 정체 상태이다. 하지만 전 세계에 고객이 있기 때문에 과자 회사보다는 매출이 올랐다.

주가 3위 ▶ 투자처 ③ (과자 회사)
집콕 생활로 과자도 많이 팔렸다. 하지만 이 회사는 국내 시장에만 의존하고 있기 때문에 세계 여러 나라에서 판매하고 있는 게임기 회사나 자동차 회사에는 미치지 못했다.

4. 아이와 투자액 계산하기

1위는 투자액의 2배를, 2위는 투자액 그대로를, 3위는 투자액의 절반을 돌려줍니다. 회사의 특징과 세계 정세를 두루 살펴 투자하고 그 결과 자신의 자산이 증감하는 경험을 게임하듯이 체험할 수 있습니다.

이 게임의 목표는 투자의 기본을 이해하는 것입니다. 승패를 떠나서 '투자에 참가했다'는 기쁨과 '여러 회사에 대해서 좀 더 알아보고 싶다'는 마음이 들게 만드는 것이 중요합니다. 참고로 이 게임은 6~7세를 위한 초보적인 예제이기 때문에 익숙해지면 다양한 회사의 상황을 새롭게 생각해보는 것을 추천합니다.

돈에도 피난 훈련이 필요하다

가정의 방재 대책에 대해서 아이와 대화를 나눈 적이 있나요? 아마 대부분의 부모가 '우리 집에 재해가 일어난다면'을 가정하고 아이와 진지하게 이야기를 나눠본 경험이 거의 없을 것입니다. 상황이 이러하니 돈에 대한 대비책에 대해 이야기를 나눠본 부모들도 거의 '제로'에 가깝다고 해도 과언이 아니겠지요. 가정에서 편안하게 정해볼 수 있는 방재 대책으로 어떤 것들이 있을까요?

1. 아이와 '방재 피크닉' 가기

방재 대책으로 저는 '방재 피크닉'을 추천합니다. 본인이 사는 지역의 피난 장소까지 김밥과 물통을 가지고 가족끼리 가보는 겁니다. 이때 "어떤 길로 가는 것이 안전할까?" "도로가 정체되어 있으면 어떻게 할까?" "물을 마실 수 있는 곳이 있을까?" 등을 아이와 함께 이야기하면서 걷습니다. 재난 상황을 그려봄으로써 대피 경로뿐 아니라 '스마트폰 충전기도 꼭 필요하겠다'거나 '쓰레기봉투가 있으면 도움이 되겠다' 등 여러 가지 깨달음을 얻을 수 있을 겁니다.

2. 우리 집 재산 보관 장소를 아이에게 미리 알려주기

이와 비슷하게 '돈의 피난 훈련'을 하는 간단한 방법이 있습니다. 가족에게 혹시 모를 불상사가 생겼을 때 돈 보관 장소나 비밀번호를 아이가 알 수 있도록 해두는 것입니다. 교통사고로 부모를 잃은 아이는 그 뒤에 어떻게 생활하면 좋을까요? 저축해놓은 돈은? 보험은? 부동산은? 아무것도 모르는 상태에서 아이가 길바닥을 헤매는 모습을 보고 싶은 부모는 없을 겁니다. 그래서 부모는 무슨 일이 있을 때를 대비해 중요한 사항을 기록한 '돈 피난 훈련 노트'를 만들어놓아야 합니다.

다음 장에 '돈 피난 훈련 노트'에 써놓으면 좋은 항목을 준비해보았습니다. 한꺼번에 모든 항목을 채우려고 애쓸 필요는 없습니다. 일단은 자신에게 해당하는 항목이나 쓰기 쉬운 항목만 기입해도 상관없으니 돈의 피난 훈련 노트를 만들어봅시다. 그리고 저금통이나 통장 등과 함께 두고, 아이에게 보관 장소를 알려줍시다. 이때 다른 사람에게는 그 장소를 절대로 알려주면 안 된다고 단단히 일러두는 것도 잊지 말아야 합니다.

부모가 먼저 쓰는 돈 피난 훈련 노트

□ 가족

이름	관계	생년월일	혈액형

□ 현재 다니는 학교, 회사 이름

_____

□ 취미, 특기, 좋아하는 음식

취미	
특기	
좋아하는 음식	

185

□ 반려동물

이름	
연령(생년월일)	
종류	
단골 병원	
좋아하는 음식	
산책시키는 방법	
희망사항 (사망 시 장례 방식 등)	
보호자 연락처	

□ 개인 정보 & 중요한 번호

ID / 패스워드	
휴대 전화 번호	
면허증 번호	
보험 번호	
신용 카드 번호	
주민등록번호	

□ 의료, 간호(부상)

1. 단골 병원, 담당 의사, 연락처

_____

2. 간호가 필요해지면 어떻게 하고 싶은가?

_____

3. 중병에 걸리면 시설에 갈 것인가, 집에 있을 것인가?

_____

4. 치료비는 어디에서 변통할 것인가?

_____

5. 연명 치료를 할 것인가?

_____

6. 알레르기, 혹은 상비약이 있는가?

(복약 이력 / 질환명 / 약 이름과 용량 / 복용 횟수, 시간, 기간 / 부작용 / 복약 수

첩 보관 장소 포함)

_____

□ 은행

은행명, 지점명	
계좌 종류, 계좌명	
연락처	
인감 보관 장소	

□ 보험

회사명	
담당자 / 연락처	
보험 종류	
증권 번호	
계약자명	
피보험자명	

□ 증권

회사명	

담당자 / 연락처	
증권 종류	
증권 번호	
증권 보관 장소	
계약자명	
명의 변경 시 희망자	

□ 투자

회사명	
담당자 / 연락처	
투자 종류	
번호	
증권 보관 장소	
계약자명	
명의 변경 시 희망자	

□ 친한 사람 이름, 연락처(부모 중 누구와 친한 사람인지도 함께 기입)

_____

_____

□ 피난 장소

재해가 일어난 곳	피난 장소 & 연락 수단
자택 주변	
회사 주변	
학교 주변	
장소가 불분명할 경우	

□ 피난 시 필요한 물건

_____

□ 장례 절차에 대한 희망사항

_____

_____

□ 유언장 유·무(아래 중 한 가지에 체크)

자필증서	
공정증서	
비밀증서	

□ 심각한 장애를 입거나 사망했을 때 연락하고 싶은 사람(이름, 연락처, 관

계, 주소 등)

_____

_____

_____

□ 메시지

아빠가 아이에게 : _____

엄마가 아이에게 : _____

아이가 아빠에게/아이가 엄마에게 : _____

□ 부모의 꿈 적어보기

3년 후	
5년 후	
7년 후	
10년 후	

아이와 탁 터놓고 이야기하는
솔직하고 현실적인 경제 교육의 중요성

이런 말을 들어보셨나요?

'Time is money = 시간이 돈이다.'
'Money is power = 돈은 권력이다'.
'Power is freedom = 권력은 자유다.'

아이들에게 돈에 관해 가르치는 일은 '경제관념을 심어주는 일'입니다. 그리고 돈에 강해진다는 것은 아이가 행복해지기 위해 필요한 패스포트를 얻는 것과 마찬가지입니다. 아이를 키우는 시간은 어느 가정에나 공평하게 주어진 시간입니다. 하지만 아이를 어떻게 대하느냐는 부모마다 다릅니다. 저는 조부모님 아래서 소중한 유년기 경험을 하면서 서양에서 아이들이 돈을 어떻게 인식하는지, 그 후에는 어떤 인생을 살게 되는지를 보아왔습니다. 돈 교육을 받은 아이들은 대체로 돈에 휘둘리지 않고 경제적으로 자립해 풍요로운 노후를 보낼 수 있었습니다.

이 책에서 이야기한 것처럼 용돈을 받는 방법, 목표를 설정하는 방법, 커뮤니케이션 노하우는 회사가 아닌 가정 안에서 자연스럽게 배우는 것입니다. 예전에는 지금보다 더 '아이가 돈 이야기를 해서는 안 된다' '돈 이야기는 상스럽다' 등의 인식이 팽배했습니다. 아직도 돈을 은행에 맡겨두면 일단 손해는 안 본다고 생각하거나 장롱에 넣어두고 만족하는 광경을 보기도 합니다. 그런데 한편으로는 '투자해서 망했다' '주식으로 큰 손해를 입었다' '사기꾼이 거액의 돈을 가지고 도망갔다'는 이야기도 심심치 않게 들려옵니다. 왜 그럴까요? 우리 가정에서는 돈 이야기를 하지 않습니다. 학년이 올라갈 때마다 자연스럽게 용돈을 올려줍니다. 학교에서도 돈 교육을 커리큘럼으로 만들지 않습니다. 제 생각에는 이런 현실 때문이 아닐까 싶습니다.

현재 전 세계적으로 인구는 감소하고 있고, 65세 이상의 고령자들의 수명은 점점 늘어나고 있습니다. 국가의 연금 제도나 기업에 기댈 수 있는 시대는 오래전에 끝났습니다. 이제는 고용도 비정규직 고용이 많고, 일하는 방식도 성과주의로 바뀌었습니다. 디지털화가 진행

되면서 '캐시리스(Cashles, 신용 카드와 전산망의 발달로 현금을 쓸 필요가 없어진 사회)'의 파도가 밀려오고 있습니다. 평생 돈에 쫓기거나 오로지 돈을 벌기 위해서 쉴 새 없이 일하는 걸 목표로 삼는 사람은 없을 겁니다. 저는 아이들이 밝고 즐겁게 생활하고 행복한 어린 시절을 보냈으면 합니다. 그래서 돈에 관해 즐겁게 배우는 방법을 전달하고자 이 책을 쓰게 되었습니다.

아이는 저마다 한 가지 재능의 씨앗을 가지고 태어난다고 말합니다. 부모는 그 재능을 꽃피우게 할 수도 있고 말려버릴 수도 있습니다. 아이는 부모를 선택할 수 없습니다. 부모의 학대로 보호받지 못하거나 빈곤이나 방임으로 보호 시설에서 자라는 아이도 있습니다. 그런데 그런 아이들은 신기하게도 부모를 탓하는 말을 하지 않습니다. 그리고 부모가 언젠가 데리러 올 거라고 굳게 믿습니다. 따뜻하게 대해주었던 추억이나 행복을 느꼈던 때의 이야기를 들려주기도 합니다. 부모를 그리워하는 아이의 마음을 생각하면 가슴에서 뜨거운 무언가가 올라오는 것 같습니다. 부모에게도 어린 시절이 있었고, 주변으로부터 어떤 영향을 받으며 자랐겠지요.

이 책을 집필하던 중에 말기 암으로 병원에 입원해 계시던 엄마가 돌아가셨습니다. 향년 79세였습니다. 약 12년 동안 류마티스성 질환과 싸우고, 암 선고를 받고부터는 완화 치료 병동에 입원했고, 그 후

코로나바이러스가 터져서 아픔과 고독 속에서 약 4개월을 버티다가 6월 말에 타계하셨습니다. 솔직히 말하면 이 책에서 이야기한 외할머니와 엄마는 사이가 좋지 않았습니다. 어린 시절에 엄마와 할머니의 관계가 양호했더라면 엄마의 인생은 좀 달랐을 것 같습니다. 머리가 좋고 상냥한 성격에 불평불만을 하지 않는 엄마는 인내심이 강한 만큼 스트레스나 피로를 쌓아두고 있었는지도 모릅니다.

그런데 제가 모은 돈의 일부를 학창 시절에 부모님을 위해 쓸 수 있었던 것, 수입을 얻으면서 엄마를 간호할 수 있었던 것은 아이러니하게도 외갓집에서 자라면서 받은 '돈 교육' 덕분이었습니다. 만약 지금 타임머신을 타고 엄마의 어린 시절로 되돌아갈 수 있다면 이 책의 모든 내용을 가르쳐주고 싶습니다.

돈 교육은 단순히 부자가 되기 위한 교육이 아니라 아이들이 일상을 미소로 보내도록, 그리고 행복한 나날을 보내도록 만들어주기 위한 공부입니다. 모든 아이가 스스로 생각해서 행동하고 풍요로운 인생을 걸어갈 수 있는 미래가 오기를 진심으로 바랍니다.

공부머리보다
금융머리를
먼저 키워라

초판 1쇄 인쇄 2022년 6월 2일 **초판 1쇄 발행** 2022년 6월 15일

지은이 가와구치 유키코
옮긴이 김지윤
감수 옥효진, 이지영
펴낸이 이승현

편집1 본부장 한수미
라이프 팀장 최유연
편집 김소정
디자인 조은덕

펴낸곳 ㈜위즈덤하우스 **출판등록** 2000년 5월 23일 제13-1071호
주소 서울특별시 마포구 양화로 19 합정오피스빌딩 17층
전화 02) 2179-5600 **홈페이지** www.wisdomhouse.co.kr

ISBN 979-11-6812-335-9 13320